最新法律文件解读丛书

商事
法律文件解读

SHANGSHI FALU WENJIAN JIEDU

人民法院出版社　编

总第232辑　2024.04

人民法院出版社

图书在版编目（CIP）数据

商事法律文件解读．总第 232 辑 / 人民法院出版社编．北京 : 人民法院出版社，2024．7．--（最新法律文件解读丛书）．-- ISBN 978-7-5109-4189-4

Ⅰ．D923.995

中国国家版本馆 CIP 数据核字第 2024YA5189 号

商事法律文件解读·总第 232 辑

人民法院出版社　编

责任编辑　路建华
出版发行　人民法院出版社
地　　址　北京市东城区东交民巷 27 号　邮编　100745
电　　话　(010)67550660(责任编辑)　67550558(发行部查询)
　　　　　　65223677(读者服务部)
客服 QQ　2092078039
网　　址　http://www.courtbook.com.cn
E - mail　courtbook@sina.com
印　　刷　三河市国英印务有限公司
经　　销　新华书店
开　　本　787 毫米×1092 毫米　1/16
字　　数　115 千字
印　　张　8
版　　次　2024 年 7 月第 1 版　　2024 年 7 月第 1 次印刷
书　　号　ISBN 978-7-5109-4189-4
定　　价　28.00 元

卷首语

党的十八大以来，我国资本市场快速发展，在促进资源优化配置、推动经济快速发展和社会长期稳定、支持科技创新等方面发挥了重要作用。为深入贯彻中央金融工作会议精神，进一步推动资本市场高质量发展，国务院于 2024 年 4 月 4 日发布了《关于加强监管防范风险推动资本市场高质量发展的若干意见》（以下简称《意见》）。本辑收录了《意见》。

2024 年 2 月 27 日，人民法院案例库正式上线并面向社会开放，标志着人民法院案例库建设工作迈出关键性一步。人民法院案例库是最高人民法院推出的新的“公共法律服务产品”，受到全国法院和社会各界的广泛关注。为便于各级法院工作人员正确使用案例库、助力社会各界更好地了解案例库，本辑专门收录了最高人民法院研究室案例工作小组撰写的《人民法院案例库若干重要问题解读》一文，就人民法院案例库的建设背景、功能定位、建设历程、入库流程、体例格式及首批入库案例的基本情况进行了介绍。

在“新类型疑难案例选评”栏目，本辑重点收录了《鲍某某与黄某某、上海某实业有限公司股权转让纠纷案》一文。该案的裁判表明，对赌协议中回购条件成就时，权利人应在合理期限、范围内行使股权回购权，确保商事交易的稳定性，避免权利义务处于不确定状态，以最大限度地保障投资方和目标公司的合同期待。该案的裁判思路可供法官审理类似案件时参考借鉴。

最新法律文件解读丛书
编　辑　部

兰丽专　(010) 67550626

丁丽娜　(010) 67550608

杨晓燕　(010) 67550508

杨　洁　(010) 67550562

路建华　(010) 67550660

赵杰琼　(010) 67550656

投稿邮箱:

《刑事法律文件解读》　5184621@ qq. com

《民事法律文件解读》　1216921515@ qq. com

《商事法律文件解读》　shangshijiedu@ 126. com

《行政与执行法律文件解读》　1092123089@ qq. com

目录

地方司法业务文件与解读

地方规范性文件与解读

指导案例、典型案例与解读

法答网精选答问

新类型疑难案例选评

行政法规、法规性文件与解读

国务院

关于加强监管防范风险推动资本市场高质量发展的若干意见

2024 年 4 月 4 日　　　　国发〔2024〕10 号

各省、自治区、直辖市人民政府，国务院各部委、各直属机构：

党的十八大以来，我国资本市场快速发展，在促进资源优化配置、推动经济快速发展和社会长期稳定、支持科技创新等方面发挥了重要作用。为深入贯彻中央金融工作会议精神，进一步推动资本市场高质量发展，现提出以下意见。

一、总体要求

以习近平新时代中国特色社会主义思想为指导，全面贯彻党的二十大和二十届二中全会精神，贯彻新发展理念，紧紧围绕打造安全、规范、透明、开放、有活力、有韧性的资本市场，坚持把资本市场的一般规律同中国国情市情相结合，坚守资本市场工作的政治性、人民性，以强监管、防风险、促高质量发展为主线，以完善资本市场基础制度为重点，更好发挥资本市场功能作用，推进金融强国建设，服务中国式现代化大局。

深刻把握资本市场高质量发展的主要内涵，在服务国家重大战略和推动经济社会高质量发展中实现资本市场稳定健康发展。必须坚持和加强党的领导，充分发挥党的政治优势、组织优势、制度优势，确保资本市场始终保持正确的发展方向；必须始终践行金融为民的理念，突出以人民为中心的价值取向，更加有效保护投资者特别是中小投资者合法权益，助力更好满足人民群众日益增长的财富管理需求；必须全面加强监管、有效防范化解风险，稳为基调、严字当头，确保监管“长牙带刺”、有棱有角；必须始终坚持市场化法治化原则，突出目标导向、问题导向，进一步全面深化资本市场改革，统筹好开放和安全；必须牢牢把握高质量发展的主题，守正创新，更加有力服务国民经济重点领域和现代化产业体系建设。

未来 5 年，基本形成资本市场高质量发展的总体框架。投资者保护的制度机制更加完善。上市公司质量和结构明显优化，证券基金期货机构实力和服务能力持续增强。资本市场监管能力和有效性大幅提高。资本市场良好生态加快形成。到 2035 年，基本建成具有高度适应性、竞争力、普惠性的资本市场，投资者合法权益得到更加有效的保护。投融资结构趋于合理，上市公司质量显著提高，一流投资银行和投资机构建设取得明显进展。资本市场监管体制机制更加完备。到本世纪中叶，资本市场治理体系和治理能力现代化水平进一步提高，建成与金融强国相匹配的高质量资本市场。

二、严把发行上市准入关

进一步完善发行上市制度。提高主板、创业板上市标准，完善科创板科创属性评价标准。提高发行上市辅导质效，扩大对在审企业及相关中介机构现场检查覆盖面。明确上市时要披露分红政策。将上市前突击“清仓式”分红等情形纳入发行上市负面清单。从严监管分拆上市。严格再融资审核把关。

强化发行上市全链条责任。进一步压实交易所审核主体责任，完善股票上市委员会组建方式和运行机制，加强对委员履职的全过程监督。建立审核回溯问责追责机制。进一步压实发行人第一责任和中介机构“看门人”责任，建立中介机构“黑名单”制度。坚持“申报即担责”，严查欺诈发行等违法违规问题。

加大发行承销监管力度。强化新股发行询价定价配售各环节监管，整治高价超募、抱团压价等市场乱象。从严加强募投项目信息披露监管。依法规范和引导资本健康发展，加强穿透式监管和监管协同，严厉打击违规代持、以异常价格突击入股、利益输送等行为。

三、严格上市公司持续监管

加强信息披露和公司治理监管。构建资本市场防假打假综合惩防体系，严肃整治财务造假、资金占用等重点领域违法违规行为。督促上市公司完善内控体系。切实发挥独立董事监督作用，强化履职保障约束。

全面完善减持规则体系。出台上市公司减持管理办法，对不同类型股东分类施策。严格规范大股东尤其是控股股东、实际控制人减持，按照实质重于形式的原则坚决防范各类绕道减持。责令违规主体购回违规减持股份并上缴价差。严厉打击各类违规减持。

强化上市公司现金分红监管。对多年未分红或分红比例偏低的公司，限制大股东减持、实施风险警示。加大对分红优质公司的激励力度，多措并举推动提高股息率。增强分红稳定性、持续性和可预期性，推动一年多次分红、预分红、春节前分红。

推动上市公司提升投资价值。制定上市公司市值管理指引。研究将上市公司市值管理纳入企业内外部考核评价体系。引导上市公司回购股份后依法注销。鼓励上市公司聚焦主业，综合运用并购重组、股权激励等方式提高发展质量。依法从严打击以市值管理为名的操纵市场、内幕交易等违法违规行为。

四、加大退市监管力度

深化退市制度改革，加快形成应退尽退、及时出清的常态化退市格局。进一步严格强制退市标准。建立健全不同板块差异化的退市标准体系。科学设置重大违法退市适用范围。收紧财务类退市指标。完善市值标准等交易类退市指标。加大规范类退市实施力度。进一步畅通多元退市渠道。完善吸收合并等政策规定，鼓励引导头部公司立足主业加大对产业链上市公司的整合力度。进一步削减“壳”资源价值。加强并购重组监管，强化主业相关性，严把注入资产质量关，加大对“借壳上市”的监管力度，精准打击各类违规“保壳”行为。进一步强化退市监管。严格退市执行，严厉打击财务造假、操纵市场等恶意规避退市的违法行为。健全退市过程中的投资者赔偿救济机制，对重大违法退市负有责任的控股股东、实际控制人、董事、高管等要依法赔偿投资者损失。

五、加强证券基金机构监管，推动行业回归本源、做优做强

推动证券基金机构高质量发展。引导行业机构树立正确经营理念，处理好功能性和盈利性关系。加强行业机构股东、业务准入管理，完善高管人员任职条件与备案管理制度。完善对衍生品、融资融券等重点业务的监管制度。推动行业机构加强投行能力和财富管理能力建设。支持头部机构通过并购重组、组织创新等方式提升核心竞争力，鼓励中小机构差异化发展、特色化经营。

积极培育良好的行业文化和投资文化。完善与经营绩效、业务性质、贡献水平、合规风控、社会文化相适应的证券基金行业薪酬管理制度。持续开展行业文化综合治理，建立健全从业人员分类名单制度和执业声誉管理机制，坚决纠治拜金主义、奢靡享乐、急功近利、“炫富”

等不良风气。

六、加强交易监管，增强资本市场内在稳定性

促进市场平稳运行。强化股市风险综合研判。加强战略性力量储备和稳定机制建设。集中整治私募基金领域突出风险隐患。完善市场化法治化多元化的债券违约风险处置机制，坚决打击逃废债行为。探索适应中国发展阶段的期货监管制度和业务模式。做好跨市场跨行业跨境风险监测应对。

加强交易监管。完善对异常交易、操纵市场的监管标准。出台程序化交易监管规定，加强对高频量化交易监管。制定私募证券基金运作规则。强化底线思维，完善极端情形的应对措施。严肃查处操纵市场恶意做空等违法违规行为，强化震慑警示。

健全预期管理机制。将重大经济或非经济政策对资本市场的影响评估内容纳入宏观政策取向一致性评估框架，建立重大政策信息发布协调机制。

七、大力推动中长期资金入市，持续壮大长期投资力量

建立培育长期投资的市场生态，完善适配长期投资的基础制度，构建支持“长钱长投”的政策体系。大力发展权益类公募基金，大幅提升权益类基金占比。建立交易型开放式指数基金（ETF）快速审批通道，推动指数化投资发展。全面加强基金公司投研能力建设，丰富公募基金可投资产类别和投资组合，从规模导向向投资者回报导向转变。稳步降低公募基金行业综合费率，研究规范基金经理薪酬制度。修订基金管理人分类评价制度，督促树牢理性投资、价值投资、长期投资理念。支持私募证券投资基金和私募资管业务稳健发展，提升投资行为稳定性。

优化保险资金权益投资政策环境，落实并完善国有保险公司绩效评

价办法，更好鼓励开展长期权益投资。完善保险资金权益投资监管制度，优化上市保险公司信息披露要求。完善全国社会保障基金、基本养老保险基金投资政策。提升企业年金、个人养老金投资灵活度。鼓励银行理财和信托资金积极参与资本市场，提升权益投资规模。

八、进一步全面深化改革开放，更好服务高质量发展

着力做好科技金融、绿色金融、普惠金融、养老金融、数字金融五篇大文章。推动股票发行注册制走深走实，增强资本市场制度竞争力，提升对新产业新业态新技术的包容性，更好服务科技创新、绿色发展、国资国企改革等国家战略实施和中小企业、民营企业发展壮大，促进新质生产力发展。加大对符合国家产业政策导向、突破关键核心技术企业的股债融资支持。加大并购重组改革力度，多措并举活跃并购重组市场。健全上市公司可持续信息披露制度。

完善多层次资本市场体系。坚持主板、科创板、创业板和北交所错位发展，深化新三板改革，促进区域性股权市场规范发展。进一步畅通“募投管退”循环，发挥好创业投资、私募股权投资支持科技创新作用。推动债券和不动产投资信托基金（REITs）市场高质量发展。稳慎有序发展期货和衍生品市场。

坚持统筹资本市场高水平制度型开放和安全。拓展优化资本市场跨境互联互通机制。拓宽企业境外上市融资渠道，提升境外上市备案管理质效。加强开放条件下的监管能力建设。深化国际证券监管合作。

九、推动形成促进资本市场高质量发展的合力

推动加强资本市场法治建设，大幅提升违法违规成本。推动修订证券投资基金法。出台上市公司监督管理条例，修订证券公司监督管理条例，加快制定公司债券管理条例，研究制定不动产投资信托基金管理条例。推动出台背信损害上市公司利益罪的司法解释、内幕交易和操纵市

场等民事赔偿的司法解释，以及打击挪用私募基金资金、背信运用受托财产等犯罪行为的司法文件。

加大对证券期货违法犯罪的联合打击力度。健全线索发现、举报奖励等机制。完善证券执法司法体制机制，提高行政刑事衔接效率。强化行政监管、行政审判、行政检察之间的高效协同。加大行政、民事、刑事立体化追责力度，依法从严查处各类违法违规行为。加大证券纠纷特别代表人诉讼制度适用力度，完善行政执法当事人承诺制度。探索开展检察机关提起证券民事公益诉讼试点。进一步加强资本市场诚信体系建设。

深化央地、部际协调联动。强化宏观政策协同，促进实体经济和产业高质量发展，为资本市场健康发展营造良好的环境。落实并完善上市公司股权激励、中长期资金、私募股权创投基金、不动产投资信托基金等税收政策，健全有利于创新资本形成和活跃市场的财税体系。建立央地和跨部门监管数据信息共享机制。压实地方政府在提高上市公司质量以及化解处置债券违约、私募机构风险等方面的责任。

打造政治过硬、能力过硬、作风过硬的监管铁军。把政治建设放在更加突出位置，深入推进全面从严治党，锻造忠诚干净担当的高素质专业化的资本市场干部人才队伍。坚决破除“例外论”、“精英论”、“特殊论”等错误思想。从严从紧完善离职人员管理，整治“影子股东”、不当入股、政商“旋转门”、“逃逸式辞职”等问题。铲除腐败问题产生的土壤和条件，坚决惩治腐败与风险交织、资本与权力勾连等腐败问题，营造风清气正的政治生态。

（本文有删减）

司法解释、司法指导性文件与解读

人民法院案例库若干重要问题解读

最高人民法院研究室案例工作小组

2024年2月27日，人民法院案例库正式上线并面向社会开放，标志着人民法院案例库建设工作迈出关键性一步。人民法院案例库是最高人民法院推出的新的“公共法律服务产品”，受到全国法院和社会各界的广泛关注。为便于各级法院工作人员正确使用案例库、助力社会各界更好地了解案例库，现就人民法院案例库的建设背景、功能定位、建设历程、入库流程、体例格式及首批入库案例的基本情况等介绍如下。

一、人民法院案例库的建设背景

法律适用是由抽象到具体、由一般到个别的演绎思维过程。在此之中，由于各地经济社会发展不平衡，加之司法人员成长经历、教育背景、生活环境等存在差异，对同一法律条款往往会有不同理解，甚至造成案件处理结果不尽一致的局面。在司法审判领域，裁判标准不统一、裁判结果不一致的情况也时有出现，影响了司法权威与公信。有鉴于此，发挥案例及时灵活、针对性强、易于把握的优势，用已决案例指导类似案件的裁判，可以在“抽象到具体”的法律适用之中增加“具体到具体”的参照，符合司法规律，有利于提升司法效率、统一裁判尺度、推动法律统一适用。

最高人民法院历来重视案例工作，构建了具有中国特色的案例制度，将案例工作作为全面准确落实司法责任制的重要配套改革措施之一，不断优化案例工作机制。最高人民法院发布的案例主要包括指导性案例、典型案例、公报案例、刊物书籍案例等。其中，指导性案例方面，最高人民法院发布《最高人民法院关于案例指导工作的规定》（法发〔2010〕51号），建立指导性案例制度，自2011年以来共制发指导性案例39批共224件。典型案例方面，最高人民法院紧扣大局所需、服务国家治理，近十年来共发布典型案例超过2000件。可以说，上述各类案例在指导司法审判、统一法律适用、细化裁判标准、加强法治宣传、推动理论研究等方面发挥了积极作用。

然而，由于统筹管理、分类管理不到位等原因，一定程度上影响了案例功能的充分发挥。最高人民法院发布的指导性案例，各级人民法院审判类似案件时应当参照，但由于编选周期较长、总量相对有限、覆盖面不够广，难以充分满足实践需求。其他各类案例，由于缺乏统一的编写、审核程序和标准，质量和权威性没有充分保障，甚至还存在“同案不同判”的现象，不仅给司法审判带来困扰，也影响了社会各界学法、用法。此外，中国裁判文书网的功能重在司法公开，而非办案参考。由于中国裁判文书网收录的裁判文书已达上亿份，且没有关键词、法条等精准检索工具，用于检索类案特别耗时费力；即便检索到类案，裁判规则、裁判尺度也可能不统一，难以为办案提供权威参考。

最高人民法院在学习贯彻习近平新时代中国特色社会主义思想主题教育中，深入调查研究，突出问题导向，推动解决上述案例指导不规范、不及时、不系统、不一致和难检索等问题，更好满足社会各界和人民群众多元化司法需求，把习近平法治思想落实到审判工作全过程各方面，决定建设人民法院案例库。这是一个与中国裁判文书网相互补充、相互促进的类案检索平台，收录经最高人民法院审核认为对类案审判具有参考示范价值的案例，包括指导性案例和参考案例，旨在进一步加大案例的检索精度、认可程度、指导力度和应用广度，最大限度发挥案例的实用效能。

二、人民法院案例库的功能定位

“一个案例胜过一打文件”生动、深刻阐释了案例的重要功能。案例是人民法院的重要“法治产品”。建设人民法院案例库，收录权威、规范的案例，就是为了统一法律适用标准、提高办案质效、增强人民群众对公平正义的获得感。具体而言，人民法院案例库的功能定位主要包括以下四个方面。

一是促进法律统一适用。案例历来具有辅助司法裁判，统一法律适用的功能。英美法系国家逐步发展并确立了判例制度，明确“遵循先例”原则。与此同时，判例制度已不是英美法系国家专属的司法制度，一些具有代表性的大陆法系国家也建立了符合其国情的判例制度，发挥着指导司法审判正确适用成文法的作用。而在我国，案例传统源远流长，秦有“廷行事”，汉有“决事比”，宋有“断例”，清有“成案”。可以说，以例辅律、律例并行是中华法系的一大特色，赋予了中国特色案例制度深厚底蕴。在司法案件愈加复杂、利益诉求日趋多元的当下，确保正确、统一适用法律，更是离不开案例功能的充分发挥。建设人民法院案例库，经过最高人民法院统一审核把关，编发对类案审判具有参考示范价值的案例，逐步覆盖各类罪名和案由、各种疑难复杂法律适用问题，给法官办案提供更加权威、更加规范、更加全面的指引，是最高人民法院履行对下监督指导法定职责的必然要求，对于促进统一裁判规则和尺度，避免“同案不同判”，保障法律正确、统一适用具有重要意义。

二是促进深化诉源治理。习近平总书记强调：“法治建设既要抓末端、治已病，更要抓前端、治未病。”① 人民法院处理涉诉案件，既是化解各种社会矛盾纠纷的过程，更是参与社会治理的重要方式。人民法院案例库的入库案例，可以更加充分地发挥司法裁判的评价、引领、教育功能，从源头上预防和减少矛盾纠纷，是质量和效益更高的司法审判工作。案例是法治建设的深刻印迹，是社会“烟火”生活的映射，是活的法律与教材。人民法院案例库对社会开放，有助于人民群众通过生动鲜活的案例更好地学习法律、运用法律，增强法律意识、明晰行为边界，同时强化自我保护；发生纠纷后，可以借助入库类似案例了解裁判规则、预测诉讼结果，从而减少不必要的起诉、上诉和申诉。各类调解组织也可以通过检索案例库更好地做当事人的引导、说服工作，尽可能促成调解。这样可以起到“发布一案、教育一片”的效果，真正把“抓前端、治未病”落到实处。

三是促进深化司法公开。习近平总书记指出，要加大司法公开力度，回应人民群众对司法公正公开的关注和期待。② 最高人民法院高度重视司法公开工作，切实加大裁判文书公开力度，持续优化裁判文书公开机制，不断提升裁判文书公开质效。在中国裁判文书网不断优化的同时，人民法院案例库持续收录体例规范、要素齐全、便于检索的参考案例，不仅为广大司法法律界人士提供更加精准、权威的办案参考和研究素材，也有效回应了人民群众对更深层次司法公开的现实需求。可以说，人民法院案例库是针对需求侧创新提供的新型“司法供给”和“法治产品”。

四是促进提升司法能力。进入新时代，社会主要矛盾发生变化，人民群众对民主、法治、公平、正义、安全、环境等方面的要求日益增长。近年来，得益于法治中国建设的不断加强，法官的能力素质有了明

① 《习近平谈治国理政（第四卷）》，外文出版社 2022 年版，第 353 页。
② 参见《习近平：依法治国依法执政依法行政共同推进》，载新华网 2013 年 5 月 25 日。

显提升，但同经济社会快速发展、法治建设不断深入、人民群众新的更高司法需求相比，差距仍然很大，总体还是跟不上、不适应。要当好法官、办好案件，必须善于学习、持续学习、终身学习。人民法院案例库集中全国法院的审判经验和智慧，将具有规则意义、典型意义的好案例汇聚起来，能够为全体法官学习提升提供一部包罗万象、与时俱进的“活教材”，有助于促进法官不断提升司法能力和裁判水平。

三、人民法院案例库的建设历程

2023年7月26日，最高人民法院党组书记、院长张军同志主持召开党组会议，研究部署案例统筹管理和人民法院案例库建设工作。最高人民法院研究室作为责任部门，会同人民法院出版社先后赴山东、江西、福建、陕西等多地紧锣密鼓地进行调研座谈，召开系统内座谈会10余次，充分听取意见建议。结合人民法院工作实际，最高人民法院先后印发《最高人民法院关于建设人民法院案例库的通知》（法〔2023〕141号、法〔2023〕142号）及《最高人民法院关于加快推进人民法院案例库建设的通知》（法〔2023〕209号）等规范性文件，不断完善案例库建设的工作机制和具体要求。人民法院出版社负责平台的研发，按照计划完成三期平台建设及外网系统搭建，在全国范围内分区组建运维服务群，全面收集功能需求、不断完善优化系统。最高人民法院各相关部门细化工作机制，加强研究论证，认真编写审查备选案例，积极参与、支持案例库建设，齐心协力、共同推进。全国各级人民法院认真贯彻落实最高人民法院党组决策部署，狠抓落实、全力推进人民法院案例库建设工作。

面向社会各界征集参考案例，是人民法院案例库建设过程中的一大创举，是人民参与司法、监督司法的新的重要方式。最高人民法院发布《关于征集人民法院案例库参考案例的公告》，决定自2023年12月22

日起拓宽参考案例来源，面向有关机关、社会组织、法学院校和科研单位及专家学者、律师、有兴趣或有研究的公民个人等开展参考案例征集工作，邀请社会各界共同建设人民法院案例库，推动人民法院案例库建设工作高质量发展。公告发布后，法学院校、全国律协，专家学者、律师同人，甚至还有中学教师等非法律界人士，积极向人民法院案例库推荐案例。截至2024年4月30日，全国法院共收到社会推荐案例500余件，其中部分已经审核入库。例如，首批入库案例“李某强制猥亵案（2024-14-1-184-001）”就是一件中学教师推荐的入库案例。为确保社会各界更加方便快捷地推荐案例，人民法院案例库平台开设线上“推荐案例”通道。用户可在线填写案例相关信息予以推荐（亦可通过信函等方式推荐），所推荐案例经人民法院审查审核后，符合入库标准的，将及时收录入库。最高人民法院还将向推荐人颁发证书。对于社会推荐的入库案例，平台也会自动标识“社会推荐”字样。

在全国法院和社会各界的共同努力下，人民法院案例库的入库案例品质不断提升、结构日益优化，在2024年2月27日正式上线并面向社会开放之日入库案例达到3711件。此后，入库案例数量呈动态更新状况。截至2024年4月30日，人民法院案例库的入库案例数量达到3886件。其中，刑事案例共1484件，占比38.19%；民事案例共1729件，占比44.49%；行政案例共438件，占比11.27%；国家赔偿案例共26件，占比0.67%；执行案例共209件，占比5.38%。上述入库案例基本实现了对常见罪名、多发案由的“全覆盖”。盗窃、帮助信息网络犯罪活动、诈骗、故意伤害及毒品犯罪等常见犯罪，民间借贷纠纷、婚姻家庭纠纷、机动车交通事故责任纠纷等案件体量较大的案由，均收录了一批入库案例。可以说，目前案例库入库案例的总量虽然还比较有限，但在指导常见案件办理、处理常见法律适用问题方面，已基本能满足司法实践所需。当然，案例库对司法审判中常见“问题点”的覆盖还远远不够。下一步，会持续针对案例库的空白罪名、案由，特别是尚未涉及的法律适用问题，优先选取案例入库，力争尽早实现“覆盖各类罪名、案由，在同一罪名、同一案由下的不同法律适用问题也将有相应案例”的建设目标。

人民法院案例库正式上线并向社会开放，舆论反响积极热烈。“找案例、用案例，就上人民法院案例库”的局面正在逐步形成。截至2024年4月30日，人民法院案例库平台浏览量731万人次，访问人数132.7万人，注册用户数42.7万个，已有95个国家的用户访问人民法院案例库。案例库已成为服务司法审判、公众学法、学者科研、律师办案的权威平台，也是世界各国观察中国司法、中国法治的重要窗口。

人民法院案例库的网址是https：//rmfyalk.court.gov.cn。最高人民法院官网首页设有“人民法院案例库”图标，可直接点击进入。新用户根据提示注册账号后，即可登录检索查阅案例。登录后，可以通过选择输入栏左侧的全文、案例编号、标题、关键词、基本案情、裁判理由、裁判日期等选项进行检索，亦可通过高级检索选项进行更精准检索。此外，还可以点击首页下方的“刑事”“民事”“行政”“国家赔偿”“执行”图标查阅五大审判业务领域下的所有案例。为彰显对老幼等特殊群体权益的司法保护，满足用户多层次、多样化的案例需求，人民法院案例库还设有“涉老年人保护案例”“涉未成年人保护案例”等特色专栏。下一步，案例库平台将不断优化各类功能，提升用户友好度，探索开发“人民法院案例库App”手机客户端，让社会公众指尖可享“公共法律服务产品”。

人民法院案例库上线并面向社会开放后，社会各界广泛关注，这对人民法院案例库建设工作提出更高要求、更严标准。为进一步做好人民法院案例库建设和使用工作，2024年5月6日，最高人民法院印发《人民法院案例库建设运行工作规程》（法〔2024〕92号），对入库流程、社会推荐、检索使用、动态调整等内容作出明确。这标志着人民法院案例库建设和使用进入更加规范的新阶段，必将促进各级人民法院更加重视案例库建设，更好完成案例推送、审查、审核入库工作，更加准确参考入库类似案例作出裁判，推动人民法院案例库持续健康发展。

四、入库案例的筛选流程和效力定位

入库案例包括指导性案例和参考案例两大类别。指导性案例在案例体系中处于“金字塔尖”的位置，属于当然入库的案例。参考案例则需要历经严格的审查审核程序，方可入库。关于指导性案例的遴选、审查、审议、使用等，《最高人民法院关于案例指导工作的规定》（法发〔2010〕51号）已有明确规定，兹不赘言。在此，主要就参考案例的入库标准、入库流程、动态调整和效力定位加以介绍。

（一）参考案例的入库标准

参考案例的入库标准为“精准聚焦审判工作中需要明确规则、加强指导的司法实践问题，收集、编选、审查具有典型参考示范作用的案例，确保入库案例具有裁判规则意义或者裁判指引作用，在审判实践中能够发挥统一法律适用、以案释法等方面的价值”。而且，参考案例体现的类案裁判规则要客观、准确、体系协调，针对同一具体法律适用问题收录的参考案例一般不超过2件，避免发生案例间裁判规则互相冲突的现象，保证裁判规则的权威性和指导性。此外，在方法理念、机制创新、调解规则等方面具有借鉴参考意义的调解案例、涉老年人特殊群体等司法案例也可以作为参考案例入库。

简言之，入库参考案例主要涵括两种情形：一是重在规则指引，即案例必须在司法理念、政策导向、法律适用、裁判尺度、工作方法等方面具有典型性、指导性，能够为类案办理提供权威参考；二是兼顾规范引领，做实“为大局服务、为人民司法”，注重围绕党和国家中心工作、社会各界和人民群众关切收录案例，充分发挥司法裁判的评价、规范、引领功能，有效促进经济社会高质量发展，增进民生福祉，积极融入国家和社会治理。

（二）参考案例的入库流程

参考案例的遴选、编研、入库等程序设计，坚持了“四级法院携手联动、各审判业务条线各司其职”的思路，以有效保证案例来源的广泛性、审核把关的权威性。具体而言，参考案例入库大致需要历经编写报送、审查推送、审核入库等系列程序。

1. 编写报送

入库参考案例主要来源于地方法院报送的案例，同时也包括最高人民法院办理的案件。中级、基层人民法院对本院已经发生法律效力的裁判，认为符合入库标准的，可编写备选参考案例报送。各高级人民法院聚焦审判工作中需要明确规则、加强指导的司法实践问题，收集、选编、审查本院和本辖区内具有典型参考示范作用的生效案例，认为符合入库标准的，经本院院领导审批，向最高人民法院相关审判业务部门报送。

2. 审查推送

最高人民法院各审判业务部门分为18个业务条线对入库备选案例进行审查。各高级人民法院报送及最高人民法院各有关部门选编的案例，先按条线由最高人民法院相关审判业务部门进行审查，审查时要提交专业法官会议集体讨论，对备选案例的事实认定、法律适用、裁判说理、价值导向等作全面、严格的把关。经审查认为符合入库标准的，报分管院领导审批后送最高人民法院研究室审核。

3. 审核入库

最高人民法院研究室对入库备选案例进行审核。研究室在对案例材料是否齐全、体例格式是否符合要求等进行审核的基础上，重点对案例是否符合入库标准进行审核。为确保审核质量，建立院内专家跨部门交叉复核、院外专家协同复核把关的常态化工作机制，视情将案例送交院内外相关专家研提意见，为案例质量再加一道“保险栓”。对于经过审核复核符合入库标准的案例，在入库前需要进行文字核校，尽力避免案例文字表述出现错误。

（三）参考案例的动态调整

人民法院案例库实行动态调整机制，参考案例入了库并不意味着就进了“保险箱”。为确保入库案例不断完善，最高人民法院各审判业务部门、研究室将定期检查审判业务条线相关入库案例，跟进法律、司法解释、规范性文件立改废进程，及时组织补充、更新、清理相关案例，确保入库案例始终具有指导性、权威性和典型性、时效性。对于入库参考案例不再符合入库标准，或者虽然符合入库标准但有更适宜的案例需要替换的，将及时出库、替换案例。

按照工作流程，地方各级人民法院认为参考案例在法律适用方面存在不当或者裁判理念等应当有发展、完善，不宜作为参考案例的，应当提出意见并说明理由，层报最高人民法院相关审判业务部门审查。最高人民法院相关审判业务部门认为入库案例需要出库的，应当说明理由，报分管院领导审批后，送研究室办理。最高人民法院研究室认为入库案例需要出库的，商相关审判业务部门处理。同时，人民法院案例库在每个入库案例下方设有用户评价和意见建议反馈通道，社会各界均可针对有关案例所确立的裁判规则是否正确、是否妥当等发表意见建议，促进人民法院案例库动态调整。截至 2024 年 4 月 30 日，共收到意见建议

399 条。其中，关于案例文本的修改完善建议 127 条，关于新增相关领域案例的建议 77 条，关于优化平台功能的建议 152 条，其他建议 43 条。对上述建议已作了认真梳理和分析研究，不少建议已被采纳。

（四）参考案例的效力定位

参考案例在效力方面与最高人民法院此前发布的典型案例、公报案例、刊物案例明显不同。人民法院案例库收录的案例，均系经最高人民法院审核认为对类案审判具有参考示范价值的案例。案例库上线后，各级人民法院审理案件，应当检索人民法院案例库，严格依照法律和司法解释、规范性文件，并参考入库类似案例作出裁判，避免“同案不同判”。各级人民法院审理案件时，经检索发现人民法院案例库未收录类似案例，而正在审理的案件所涉法律适用问题疑难、复杂的，可以就相关法律适用问题提出请示，或者报请提级管辖；由本院继续审理的，应当提交审判委员会讨论决定。各级人民法院审理案件时，经检索发现人民法院案例库收录有类似案例，但认为正在审理的案件具有特殊情况，不宜参考入库案例的，应当提交审判委员会讨论决定。前述案件对类案审判具有参考示范价值的，作出生效裁判的人民法院应当在裁判作出后及时编写案例，按照规定流程入库。

五、入库案例的体例格式

入库案例包括指导性案例和参考案例两大类别。对于指导性案例，按照发布之时的文本直接入库。故而，在此主要围绕参考案例的体例格式加以介绍。具体而言，人民法院案例库入库参考案例的体例主要包括编号、标题、副标题、关键词、基本案情、裁判理由、裁判要旨、关联索引八个部分。

（一）关于编号

入库参考案例的编号具有唯一性，相当于参考案例的“身份证号”。编号共13位数字，分5个字段，分别标示案例收录年度（4位数），案例审查业务部门（号段为01—18，依次代表最高人民法院立案庭、刑一庭、刑二庭、刑三庭、刑四庭、刑五庭、民一庭、民二庭、民三庭、民四庭、环资庭、行政庭、知识产权法庭、少年法庭、赔偿办、审监庭、执行局、研究室），审判执行业务领域（号段目前为1—6，依次代表刑事、民事、行政、国家赔偿、执行、调解），罪名或案由编号（3位数）、案例序号（3位数）。例如，参考案例“田某诉杨某生命权、健康权、身体权纠纷案”的编号为“2023-07-2-001-001”，“2023”代表案例收录年度，“07”代表本案系由最高人民法院民一庭审查推送，“2”代表民事案例，第一个“001”代表第一个民事案件三级案由，即“生命权、健康权、身体权纠纷”，第二个“001”为本年度该案由下收录的第一个案例。鉴于各审判业务领域案例的具体情况不同，罪名或者案由的编号规则略有差异，有必要作一简要介绍。

1. 刑事案例的罪名编号

罪名编号系根据刑法分则规定的483个罪名依次排列。编写之中偶遇的问题是，对一些不负刑事责任的案例如何对应罪名编号。例如，有些案例适用的是依法不负刑事责任的精神病人的强制医疗程序。经研究，对此类案例可根据行为人涉嫌的罪名或者实施暴力行为客观上对应的罪名进行编号，以保证案例编号的标准统一。此外，对涉及多个罪名的案例，根据第一个罪名进行编号。

2. 民事案例的案由编号

根据《最高人民法院印发〈关于修改《民事案件案由规定》的决定〉的通知》，民事案件案由体系为总分式四级结构的设计。其中，

473 个第三级案由是司法实践中最常见和广泛使用的案由，可覆盖大部分民事案件。基于此，民事案例的案由编号主要是根据第三级案由排序。同时，考虑到民事法律关系的复杂性，对于没有相应的第三级案由的案例，可以适用相应的第二级案由。因此，在 473 个第三级案由编号后续编了 54 个第二级案由编号，以保证案由编号涵盖范围的全面性。

3. 行政案例的案由编号

考虑到行政案例的数量相对较少，案由编号主要根据《最高人民法院印发〈关于行政案件案由的暂行规定〉的通知》（法发〔2020〕44 号）规定的 22 个二级案由进行编号。同时，根据《最高人民法院关于增加部分行政案件案由的通知》（法〔2019〕261 号）增加的知识产权授权确权和涉及垄断的行政案件案由，在前述 22 个案由基础上续编植物新品种、专利、集成电路布图设计、商业秘密、垄断、不正当竞争、商标、著作权等相关行政案件 8 个案由编号。

4. 国家赔偿案例的案由编号

根据《最高人民法院关于司法赔偿案件案由的规定》（法〔2023〕68 号）等有关规定，国家赔偿案件案由体系分为三级。考虑到总体案由较少且有的二级案由下没有三级案由，为了保证编号体系协调，国家赔偿案例编号中的案由字段（3 位数）组成为：第一位数表示一级案由，第二位数表示二级案由，第三位数表示三级案由，根据具体情况对应编号。例如，违法刑事拘留赔偿案例的案由编号为“111”，即第一个一级案由“刑事赔偿”下的第一个二级案由下的“人身自由损害刑事赔偿”下的第一个三级案由。又如，如果一些特殊案例没有对应的二级和三级案由，需要适用“刑事赔偿”一级案由的，则案由编号为“100”。

5. 执行案例的案由编号

鉴于执行案件目前尚无案由规定，执行案例的案由编号主要参照

《最高人民法院关于人民法院案件案号的若干规定》中人民法院案件类型及其代字标准的有关规定，执行案例编号中的案由字段（3 位数）中，第一位数用 1、2、3 分别表示执行案件的三种分类（执行实施类案件、执行审查类案件、其他执行案件）；第二位数、第三位数表示该类之下的具体类型。例如，有关执行复议案例，案由编号为“202”，即为执行审查类下第二个执行复议类型。

需要提及的是，指导性案例发布时已经编号（原为“指导案例××号”，自第 192 号案例开始，调整为“指导性案例××号”），收录入库时在保留原编号的同时，再赋予入库编号。其中，年度字段设置为指导性案例发布的年度，部门序号使用研究室序号（18），另外三个字段参照入库参考案例编号的设置规则。

此外，未来将探索为每个入库案例设置一个识别码，实现手机扫描识别后即可打开查阅相关案例内容。

（二）关于标题

刑事参考案例的标题一般由被告人姓名或者被告单位名称加罪名组成，如“袁某某盗窃案（2023-14-1-221-001）”。但是，对于不构成犯罪的案件，如正当防卫、宣告无罪或者强制医疗的案例，标题不再参照上述规则，如“唐某华、杨某祥正当防卫案（2024-05-1-179-001）”“张某搏合同诈骗宣告无罪案（2023-03-1-167-004）”“潘某强制医疗案（2024-02-1-013-001）”等。民事、行政、国家赔偿参考案例的标题一般由案件当事人姓名或名称加案由组成，如“吴某某诉上海某某生物科技有限公司买卖合同纠纷案（2023-07-2-084-060）”。执行参考案例的标题可以由案件当事人姓名或名称加执行审查程序组成，如“索某某与许某某等执行复议案（2024-17-5-202-022）”。

（三）关于副标题

副标题为一句话，主要鲜明体现参考案例所要解决的法律适用问题，反映参考案例的价值、精髓、核心。例如，鉴于“唐某华、杨某祥正当防卫案（2024-05-1-179-001）”的争议问题主要涉及对行为人防卫之时不法侵害是否仍在进行，以及防卫行为是否构成防卫过当的认定，且裁判要旨也主要围绕这两个层面展开，故将副标题确定为“正当防卫时间条件、限度条件的把握”。

（四）关于关键词

关键词为词或词组，一般由刑事、刑事诉讼、民事、民事诉讼、行政、行政诉讼、国家赔偿、执行等词引领，第二个关键词一般是罪名或者案由，然后再依次列出与参考案例解决的问题、总结的裁判要旨有密切关联的词语。关键词要全面、准确、具体，便于检索。关键词的位置在副标题之后，基本案情之前。

（五）关于基本案情

基本案情部分可以先准确、简明地概述控（诉）辩意见，再叙述法院经审理查明事实，也可以直接叙述法院审理查明的事实。关键要写明与裁判要旨关联的基本事实，有针对性，要完整、准确、概括地反映案件的基本情况，表述要通俗易懂、层次清楚、重点突出、详略得当、简明扼要。基本案情部分最后另起一段简述案例的裁判结果，包括诉讼经过和结果，写明案件的裁判法院、裁判时间、案号和裁判主文。裁判结果是判决或者裁定的主文，应当准确、规范。对于裁判结果所涉被告人或者被告单位、罪名数量较多的，可以简略叙述裁判结果。

（六）关于裁判理由

裁判理由主要摘自生效裁判文书中“法院认为”部分的内容。裁判理由是人民法院针对案件事实，根据法律法规、司法解释、政策的精神，从法理、事理、情理等方面，详细论述法院裁判的依据、理据。一审、二审等不同程序裁判理由不一致的，一般只写生效裁判的论述理由。裁判理由的表述应当准确、精当、透彻，与叙述的基本案情前后照应，并注意结合选定案例的社会背景，体现裁判政治效果、社会效果和法律效果的统一。

（七）关于裁判要旨

参考案例本质是对办案经验的总结推广，借此解决司法疑难问题。因此，裁判要旨的准确撰写是确保参考案例质量的关键。裁判要旨是参考案例拟解决问题的概要表述，简要归纳和提炼参考案例体现的具有类案参考、指引作用的裁判规则、理念或方法等，以及审理类似案件应当注意的问题。裁判要旨应当概括、精练，结论明确，语义准确。裁判要旨阐释提炼的规则、理念、方法等，为两个以上的，按照裁判要旨的重要性或者逻辑关系用阿拉伯数字标示。

（八）关于关联索引

关联索引主要包括两个部分：一是相关法条；二是裁判信息。相关法条部分需列明本案裁判适用的相关法律及条文序号。涉及不同法律的，按法律位阶依次起行并列排列；涉及同一法律不同条文的，按条文的先后次序排列，亦可根据与案例关联的紧密程度排序。裁判信息部分依序分段列明案件一审、二审、再审、执行审查等情况。列明裁判法院、案号、裁判类型和裁判日期。对于特殊案件，如涉未成年人案件，关联索引部分一般会隐去相关裁判信息。

（九）关于姓名等信息的处理

入库参考案例均对涉及的自然人姓名、法人和非法人组织的名称作了隐名处理，对相关的身份证号码、统一社会信用代码、通信方式、银行账号、地址、车牌号码等信息作了删除等技术处理。对行政案例中的被告，包括行政机关和法律法规规章授权的组织，以及国家赔偿案例中的赔偿义务机关等名称，原则上不作隐名处理。同时，鉴于删除知识产权案例中的专利名称、商标名称、商号和知识产权行政管理部门等信息可能会影响对基本案情的理解，故一般保留此类信息。

六、首批入库案例的基本情况

首批入库案例为后续入库案例的编选入库提供了范例，值得梳理总结。基于此，为了对未来入库案例编选提供指引借鉴，也为了让社会公众更全面了解案例库的“产品标准”，在此对首批入库案例的特点属性加以具体阐释。

（一）精准服务大局，助力高质量发展

聚焦大局、服务大局、保障大局，是人民法院的优良传统。最高人民法院充分发挥司法优势建设人民法院案例库，正是构建精准服务大局的载体和平台，以案例带动各项审判业务精准助力高质量发展。这就要求入库案例体现时代性，牢牢把握以人民为中心的立场，切实回应党和国家大局所需、人民群众迫切期盼。例如，首批入库案例收录了一批关于民营企业产权和企业家权益保护、涉案企业合规改革、知识产权保护等相关领域的案例，以案例的形式强化司法裁判规则供给，指引各级人民法院依法公正、妥善处理案件，进一步推动经济社会高质量发展。在

此，以涉案企业合规改革相关入库案例为例加以阐释。

涉案企业合规改革是事关党执政根基的政治问题，是服务保障高质量发展、平等保护各类市场主体的必然要求。自2023年3月以来，最高人民法院部署各级人民法院同检察机关共同做好涉案企业合规改革，并拓展至民事、行政、执行等领域。为落实上述要求，人民法院案例库围绕涉案企业合规改革主题专门收录了6件参考案例。为便于人民法院在办理涉案企业合规案件中参考适用，这6件案例的合规整改环节有所不同，覆盖刑事诉讼审查起诉和审判阶段，彰显了涉案企业合规的全流程适用的价值取向。具体而言，“北京某贸易公司、某国际贸易公司走私普通货物案（2023-06-1-085-004）”旨在明确人民法院对涉案企业在审查起诉阶段完成合规整改案件的处理；“邓某甲、邓某乙违规不披露重要信息案（2024-03-1-090-001）”旨在明确涉案企业在审查起诉阶段开启合规整改，在审判阶段继续完成合规整改案件的处理；“某公司污染环境案（2023-11-1-340-008）”被称为“一审阶段涉企合规第一案”，“邢某某虚开增值税专用发票案（2024-18-1-146-002）”被称为“二审阶段涉企合规第一案”，旨在明确在审查起诉阶段未开展合规整改的案件，如何在审判阶段开展合规整改，以及对所涉案件如何处理。

入库案例不同于典型案例，重在针对司法实践疑难问题明确处理规则。这6件案例着重解决的就是涉案企业合规整改之中遇到的法律适用疑难问题。例如，涉案企业合规整改适用的案件仅限于单位犯罪，还是可以包括特定自然人犯罪在内，存在一定争议。有鉴于此，“邢某某虚开增值税专用发票案”的裁判要旨之一即为“公司、企业的实际控制人、经营管理人员等实施的、与生产经营密切相关犯罪的，也可以适用企业合规整改……”又如，对于审前阶段未启动合规整改，审判阶段宜否启动合规整改，以及由法院还是检察机关主导组织开展具体整改，实践中亦存在不同认识。经研究认为，从有利于涉案企业合规整改全流程开展的考虑出发，在审判阶段启动合规整改，以及所涉整改可以根据情况由法院具体主导开展，具有必要性和可行性。为此，“某公司污染环境案”开启在审判阶段主导涉案企业合规整改的第一步，在量刑时可以综合全案情况，将涉案企业合规整改成效作为酌定从轻情节，其裁判要旨亦明确“人民法院可以综合全案情况，将整改成效作为酌情从轻量刑情节予以考量”。在此基础上，“邢某某虚开增值税专用发票案”在裁判要旨部分进一步明确：“对于在审判阶段申请开展合规整改的，可以由人民法院视情直接组织开展。对符合相关条件的涉案企业，在第一审程序中未进行合规整改的，可以在第二审程序中开展。”

（二）注重案件“新鲜度”，确保案例时效性

入库参考案例系根据人民法院作出的生效裁判改编的，一般不限制裁判生效的时间。一些情形下，对于作为裁判依据的法律、司法解释等已被修改，但对涉及的法律适用问题等仍具有参考示范作用，裁判要旨与现行法律、司法解释等一致，符合入库标准的案例同样可以入库。换言之，案例的裁判生效时间远近不是判断是否符合入库条件的绝对标准，关键在于是否具有参考指引价值，是否符合入库标准。实际上，一些案例的生效裁判时间尽管较为久远，但只要具有参考示范价值的，依然可以收录入库。例如，从司法实践来看，正当防卫案件的处理往往存在重大争议，乃至承受法律以外的压力。为确保正当防卫制度依法正确适用，人民法院案例库首批收录了 34 件涉正当防卫的入库案例。该批案例的裁判生效时间跨度相对较大。其中，“叶某朝正当防卫案（2024-18-1-177-001）”发生在 1997 年刑法施行之前，裁判作出时间为 1997 年刑法施行伊始，可以说是“老古董”。但是，该案属于对 1997 年刑法增设的特殊防卫制度适用的较早案件，对于特殊防卫的适用前提、防

卫手段和防卫限度等具体问题的认定和政策整体把握具有很强的规则指引意义，故将其予以收录。此外，还收录了“唐某华、杨某祥正当防卫案（2024-05-1-179-001）”，该案则为2024年初才作出生效裁判的新案例，同样为正当防卫时间条件、限度条件的把握提供了类案规则指引。

当然，在具有选择余地的前提下，入库案例优先选择新近案件，即对于涉及同一法律适用问题的，一般优先选用生效时间在后的案件。特别是，在新法律、司法解释及规范性文件发布后，更加注重收集、编选依照新法律、司法解释等作出裁判的案例，以便发挥案例“快”的优势，及时为案件审理提供参考指引。例如，2023年12月《最高人民法院、最高人民检察院、公安部、司法部印发〈关于办理醉酒危险驾驶刑事案件的意见〉的通知》（高检发办字〔2023〕187号），对醉酒型危险驾驶罪的定罪量刑标准和有关法律适用问题作了新的规定。为此，人民法院案例库首批收录了42件适用最新意见审理的醉驾案例，切实发挥指导审判、服务社会的功能。此外，还需要特别注意的是，如果由于立法修改导致所涉案例的裁判规则针对的法律适用问题已不复存在，或者由于经济社会发展使所涉案例提炼的裁判要旨已无指导意义的，则不应当收录入库。

需要提及的是，案例“新鲜度”还包括随着经济社会发展而产生的新类型案例。例如，下班以后还要在线加班，是网络时代劳动者面临的、带有相当普遍性的新现象新问题。对此，案例库收录了全国首例在裁判文书中明确“隐形加班”的案例，即“李某艳诉北京某科技公司劳动争议案（2024-18-2-490-002）”，通过裁判要旨确立“隐形加班”的认定标准，即“对于用人单位安排劳动者在非工作时间、工作场所以外利用微信等社交媒体开展工作，劳动者能够证明自己付出了实质性劳动且明显占用休息时间，并请求用人单位支付加班费的，人民法院应予支持”。又如，“外卖小哥”等新业态从业者权益保护问题是与互联网经济相伴而生的“新问题”，尤其是与用工平台之间是否存在劳动关系更是司法审判的“大难题”。人民法院案例库收录“某服务外包有限公司诉徐某确认劳动关系纠纷案（2023-07-2-186-010）”，确立该类案件的劳动关系认定标准，在裁判要旨部分明确“外卖骑手与所服务企业之间的法律关系应根据双方之间的实际权利义务内容予以认定”“骑手与所服务企业均具备劳动关系主体资格，且实际履行的权利义务内容符合劳动关系从属性本质特征的，可认定双方存在劳动关系”。

（三）直面法律争议问题，保证案例品质

入库案例不仅要满足“没有错”这个底线要求，还应当达到“有价值”的高质量标准。入库案例重在发挥规则指引价值，自然应当直面司法实务疑难问题。基于此，人民法院案例库在建设过程中并没有为了追求稳妥而刻意选编那些没有争议、四平八稳的案例。相反，有些入库案例可能存在一定争议，各方可能会对所涉问题有不同看法。从促进法律正确、统一适用这个基本目标看，越是“同案不同判”的案件，越是疑难、复杂、争议的问题，通过编发入库案例加以统一指导的价值越高。

注重围绕疑难、复杂、争议问题选编案例，是首批入库案例的特点之一。例如，此前社会高度关注的“PUA第一案”，即“牟某某虐待案（2024-18-1-214-001）”，被作为参考案例入库。该案在处理过程之中即存在一定争议。刑法第二百六十条未对虐待罪中“家庭成员”的范围作出明确界定，而对处于婚前同居关系的情侣是否属于“家庭成员”，理论界和实务界均存在较大争议。“社会在发展，司法须前行”。为有效保护被害人人身权利，确有必要根据经济社会发展与转型的现实

情况，及时明晰虐待罪中“家庭成员”的范围。该案例的裁判规则明确：“与行为人具有共同生活事实，处于较为稳定的同居状态，形成事实上的家庭关系的人，也可以认定为刑法上的‘家庭成员’”，从而将虐待罪的适用范围拓展至包括事实家庭关系在内。又如，“隔代探望权”是近年来婚姻家庭关系中出现的新问题。父母离婚后，祖父母、外祖父母对孙子女、外孙子女尽了抚养义务的，或者孙子女、外孙子女的父母一方死亡的，祖父母、外祖父母是否享有隔代探望权，实际存在较大认识分歧。民法典（草案）曾对祖父母、外祖父母的隔代探望权作出规定，后因各方未达成共识，删去相关条文。问题固然可以慢慢争辩，理论也可以继续探讨，但司法实务必须及时处理案件。为此，案例库有针对性地收录了“沙某诉袁某探望权纠纷案（2023-07-2-027-002）”，明确了相关案件的裁判规则。本案裁判法院认为，隔代探望除满足成年亲属对未成年人的情感需求外，也是使未成年人可以获得更多来自成年亲属关爱的一种途径，符合中国传统家庭伦理观念、公序良俗和社会主义核心价值观。基于未成年人利益最大化理念，裁判支持原告隔代探望的诉讼请求，同时对隔代探望作了相应条件限制，即隔代探望不得影响未成年人正常生活和身心健康。由此，本案例裁判要旨明确：“未成年人的父或母一方死亡，（外）祖父母向人民法院申请隔代探望（外）孙子女的，人民法院应当坚持最有利于未成年人、有利于家庭和谐的原则，在不影响未成年人正常生活和身心健康的情况下，可以予以支持。”

需要提及的是，“同案同判”需要建立在相同的事实基础之上。社会生活复杂多样，案件情况千差万别，区分不同具体案情甚至细微差异作出不同处理应属当然。例如，首批入库案例“曹某洋侵占案（2023-04-1-225-002）”“贾某甲、贾某乙盗窃案（2023-05-1-221-028）”“关某某、赵某职务侵占案（2024-05-1-226-008）”均涉及出借出售银行卡进而取走卡内资金这一看似相同的案情，但所涉案件存在细微差异，且正是由于细微差异导致案件定性不同。就“曹某洋侵占案”而言，实际系出借人借出银行卡后，不愿意继续出借遂将银行卡挂失并冻结卡内资金，后因协商不成补办新卡并将所涉资金转入。对于挂失冻结银行卡的行为，由于借卡人（存款人）亦事后知晓，并提出愿意支付“好处费”，故对所涉行为评价为民事纠纷为宜。但无论如何，行为人此时对银行卡中冻结的资金建立实际持有，属于“代为保管”他人资金，符合侵占罪的前提条件，加之后续补办新卡并将所涉资金转入的行为，可以认为具备“拒不退还”的要件，应当根据刑法第二百七十条的规定，以侵占罪论处。与之不同，“贯某甲、贯某乙盗窃案”则属于典型的“黑吃黑”，对其适用盗窃罪符合司法实务的惯常做法。而职务侵占罪表现为单位工作人员利用职务上的便利，将本单位财物非法占为己有的行为，实际上包括“监守自盗”，即利用职务便利实施的盗窃罪。考虑到单位借用员工银行卡，进而将单位钱款存入银行卡，实际赋予了员工为单位利益管理该银行卡、保管卡内钱款的职权。尽管所涉问题可能存在一定争议，但职务侵占罪中的职务便利与贪污罪中的职务便利存在一定区别已是理论通说和实务共识，加之认定为职务便利实际有利于被告人，故“关某某、赵某职务侵占案”对出借银行卡给单位后又通过挂失、补卡等行为将单位钱款取出自用的行为定性为职务侵占罪。总而言之，上述三个入库案例所涉案情看似相同，实则在细节上存在重大差异，进而影响到具体定性。对此，在查询使用案例库之时应当注意全面细致把握案情，防止“以偏概全”找案例，更要防止机械套用到正在审理的案件之中造成“错判”。

（四）注重规范引领，助推社会治理

党的二十大报告明确要求“深入开展法治宣传教育，增强全民法治观念”，强调“公正司法是维护社会公平正义的最后一道防线”。建设人民法院案例库，正是人民法院认真落实“谁执法谁普法”普法责任制，积极引领社会法治意识的具体举措。入库案例绝大多数发生在群众身边，件件连着民心。首批入库案例注重发挥司法裁判的评价、引领、教育功能，让法治观念深入人心，从源头上预防和减少矛盾纠纷，促进社会治理，努力让人民群众的获得感、幸福感、安全感更加充实、更有保障、更可持续。

例如，近年来，随着经济社会发展，高额彩礼问题凸显，纠纷日益增多，甚至引发恶性案件，引起社会各界持续热议。为统一彩礼返还纠纷案件的司法裁判规则，给相关当事人提供行为指引，引导人民群众更加理性看待彩礼问题，人民法院案例库首批收录了4件彩礼返还纠纷案例，就彩礼与恋爱期间一般赠予的区别认定、确定是否返还及返还彩礼的具体比例时应当重点考量的因素、如何平衡双方当事人利益，特别是妇女合法权益的保护等问题作出进一步明确，做到既尊重传统习俗，又明确禁止以彩礼为名索取财物，引领社会新风尚，让婚姻始于爱，让彩礼归于“礼”。

又如，长期以来，由于“知假买假”固然可以惩治制假售假行为，但也客观存在借维权敲诈勒索等现象，时常成为社会热议的问题。司法实践中，对于明知食品存在质量问题仍然购买者能否被认定为消费者、要求10倍惩罚性赔偿的诉讼请求是否应当予以支持等问题，相关裁判长期不甚统一。为进一步统一类案裁判规则，引导生产经营者合法生产经营、消费者理性维权，人民法院案例库在将指导性案例“孙某山诉南京欧某超市有限公司江宁店买卖合同纠纷案（指导案例23号）”入库的同时，收录了4件涉食品安全惩罚性赔偿的参考案例，分别从不同角度明确了食品安全惩罚性赔偿问题的类案裁判规则，充分发挥入库案例的参考指引价值和社会规范引领作用。整体来看，该5件案例明确支持消费者的维权行为，发挥人民群众的监督作用，有效遏制食品领域的违法生产经营行为；同时，明确在“生活消费需要”范围内支持“购买者”关于支付价款 10 倍惩罚性赔偿金的诉讼请求。而关于“生活消费需要”范围的合理界定，则需要在司法实践中根据个案具体情况来具体把握。对此，在“沙某诉安徽某食品科技有限公司买卖合同纠纷案（2024-07-2-084-004）”中，裁判法院认定沙某首单购买 30 盒“黄芪薏米饼干”符合合理生活消费需要，但沙某又多次追加购买多达 200 盒饼干，明显超出了合理生活消费需要范围。此外，生活消费需要范围不能仅以消费总量为判断标准，还要看消费行为方式和习惯是否合理。在“张某诉上海某生鲜食品有限公司买卖合同纠纷案（2024-07-2-084-002）”中，张某 46 次刷卡购买 46 枚过期咸鸭蛋，尽管购买总量没有超出生活消费需要范围，但购买方式明显不符合通常消费习惯，如果按照每次结算赔偿 1000 元的标准累计计算惩罚性赔偿金（46 次为 46000 元），则与食品安全法第一百四十八条第二款规定的惩罚性赔偿制度精神不符。据此，裁判法院依法认定在总价款 101. 2 元基础上支持 10 倍惩罚性赔偿 1012 元。可以说，上述入库案例所确立的裁判规则，促进了延宕多年的“知假买假”裁判标准不统一问题得到规范，既能充分发挥惩罚性赔偿制度的应有作用，又可以有效防止有人通过钻法律空子谋取不当利益，让生产经营者“小过担重责”。

人民法院案例库建设是一项长期工程，永远“只有进行时、没有完成时”，又是一项公共工程，需要大家“齐动手、共努力”。我们相信，有全国法院的齐心协力，有社会各界的广泛支持，人民法院案例库建设必将稳步推进，为人民群众提供更优更多的高质量“法治产品”，推动中国特色案例制度不断健全完善。

部门规章、规章性文件与解读

国家金融监督管理总局
关于推进普惠保险高质量发展的指导意见

2024 年 5 月 29 日　　金发〔2024〕13 号

各监管局，各保险集团（控股）公司、保险公司，银保信公司、上海保交所、保险业协会、保险学会：

为深入贯彻中央金融工作会议精神和《国务院关于推进普惠金融高质量发展的实施意见》（国发〔2023〕15 号）要求，充分发挥保险的经济减震器和社会稳定器功能，更好满足人民群众和实体经济普惠性的保险需求，进一步推进普惠保险高质量发展，现提出以下意见。

一、总体要求

（一）指导思想

以习近平新时代中国特色社会主义思想为指导，全面贯彻党的二十大和中央金融工作会议精神，切实加强党的领导，坚持金融工作的政治性、人民性，完整、准确、全面贯彻新发展理念，持续深化保险业供给侧结构性改革，推进普惠保险高质量发展，提升服务实体经济质效，防范化解风险，不断提高人民群众的获得感、幸福感、安全感。

（二）基本原则

坚持广泛覆盖，提升保险服务的可及性。坚持以人民为中心的价值取向，深入基层，贴近市场，不断拓宽保险服务区域、领域和群体，稳步提升保险深度和保险密度。推进保险产品标准化、通俗化、简单化，提升服务便利性，确保人民群众“买得到”保险。

坚持惠民利民，提升保险服务的可负担性。坚持改革创新，改进风险管理和产品定价模型，提升保险业精细化管理水平。优化重点领域和重点群体保险服务，加大政策、资源倾斜力度，强化科技赋能，降低运营管理成本，确保人民群众“买得起”保险。

坚持公平诚信，提升保险产品的保障属性。坚持政策引领、市场化运作，完善基础设施和制度规则，因地制宜发展面向特定群体的定制型保险业务。提升社会公众保险意识，培育契约精神和诚信文化。切实改进理赔服务质量和效率，推进依法合规“赔得满意”。

坚持稳健运行，提升保险经营的可持续性。坚持底线思维，统筹发展和安全，加强和完善现代保险监管。加大违法违规行为查处力度，严厉打击保险欺诈。把握保险经营规律，强化产品定价回溯分析，加大长周期评估考核力度，促进普惠保险长期持续健康发展。

（三）主要目标

普惠保险作为我国普惠金融的重要组成部分，要围绕保障民生、服务社会，努力为广大人民群众提供广泛覆盖、公平可得、保费合理、保障有效的保险服务。未来五年，高质量的普惠保险发展体系基本建成。基础保险服务提质扩面取得新进展，重点领域和重点群体保险服务可得性实现新提升，保险基础设施和发展环境得到新改善，防范化解保险风险取得新成效，普惠保险助力金融强国建设迈上新台阶。

二、丰富普惠保险产品服务

（四）提高农民和城镇低收入等群体保险保障水平。健全农村保险服务体系，加大对国家乡村振兴重点帮扶县群众的保险保障力度。针对农村和边远地区群众、脱贫人口、城市低保人群等的实际情况和保险需求，开发意外伤害保险、健康保险、定期寿险、家庭财产保险等产品，提高重点群体抵御风险能力，助力保障和改善民生。鼓励发展面向县域居民的健康险业务，拓展保障内容。

（五）加大特定群体保险保障供给力度。引导保险公司积极发展面向各类风险群体的商业医疗保险。大力发展适合老年人保障需求和支付能力的意外伤害保险和健康保险产品，合理扩大对既往症和慢性病人群的保障，着力满足高龄老年人保障需求。积极开发和提供适应残疾人风险特征和保障需求的保险产品及服务。加大对妇女“两癌”、儿童先天性疾病、罕见病等的保险保障。聚焦建筑工人、快递骑手、网约车司机、货车司机、网店经营者等新市民群体和灵活就业人员，开展相应的新就业形态责任保险、意外伤害保险等业务。针对退役军人、警察、消防员、应急救援员、医护人员等特殊职业群体，提供量身定制的特色化保险产品和服务。

（六）提升小微企业和个体工商户等抗风险能力。扩大企业财产保险、知识产权保险、货物运输保险、出口信用保险等供给和服务，分散企业运营风险，助力提升产业链和供应链安全。发展适合小微企业、个体工商户和新型农业经营主体从业人员意外伤害保险、健康保险、养老保险和定期寿险等。鼓励企业为员工购买普惠保险，创新企业和个人风险共担、灵活付费的服务方式。

（七）积极参与重点领域风险保障。推动农业保险“扩面、增品、提标”，稳步拓宽大宗农产品保险等覆盖面，鼓励发展地方优势特色农产品保险和养殖业保险。提升农业保险承保理赔精准性，着力提高小型农户投保率。创新发展收入保险和气象指数保险，发挥农业保险在防灾减灾、灾后理赔中的作用。支持保险服务多样化养老需求，创新发展各类商业养老保险产品，开发投保简单、交费灵活、收益稳健、领取形式多样的商业养老年金产品。在风险有效隔离的基础上，支持保险公司以适当方式参与养老服务体系建设，探索实现长期护理、风险保障与机构养老、社区养老等服务有效衔接。支持保险公司通过保险服务参与应对自然灾害、事故灾难、公共卫生、校园安全、道路安全等突发事件，开展风险减量服务。积极发展医疗责任、医疗意外和疫苗接种等相关保险。适应人口政策调整带来的变化，积极发展生育、儿童等保险，满足家庭风险保障需求。

（八）鼓励发展专属普惠保险。针对社会保险保障不足、商业保险供给缺失的领域，支持保险公司在风险可控的前提下，面向特定风险群体或特定风险领域提供专属普惠保险产品和服务。专属普惠保险费率原则上应低于同等条件下其他保险产品费率。保险公司通过专属普惠保险方式参与政府组织的保障项目的，可适当简化投保手续、理赔流程和材料要求。支持保险公司与有关部门协商建立盈亏分担机制，对费率实施动态调整，实现可持续经营。加强监管引导，结合专属普惠保险的发展需要，持续完善支持措施。

三、提升普惠保险服务质效

（九）引导各类保险公司提供差异化服务。保险公司要主动承担保障民生、服务社会的责任使命，立足自身经营特点和优势，积极参与和推动普惠保险发展。支持国有保险公司发挥主力军作用，加大普惠保险资源投入，扩大普惠保险覆盖广度和深度。鼓励健康保险公司、养老保险公司、农业保险公司发挥专业优势，提供特色产品和服务。鼓励中小保险公司深耕总部所在区域，为当地群众和市场主体提供普惠保险服务。支持再保险公司参与普惠保险风险分担。

（十）健全普惠保险管理机制。保险公司要建立普惠保险发展领导体制，董事会和管理层定期听取普惠保险发展情况，加强普惠保险战略规划和顶层设计。明确普惠保险业务牵头部门，建立推动普惠保险高质量发展的工作机制。保险公司要将开展普惠保险、履行社会责任纳入经营绩效考核，大型保险公司普惠保险考核权重原则上不低于5%。加强普惠保险内控管理，确保经营行为依法合规、业务财务数据真实，及时识别和防控相关风险。

（十一）提升普惠保险服务质量。坚持自愿投保原则，依法保护普惠保险投保人的知情权和选择权。保险公司要真实、准确、完整地宣传普惠保险产品，在营业场所、代理场所或自营网络平台公示服务承诺，提供便捷的承保、理赔和查询服务。适当放宽监管规定中有关短期险产品的“双录”要求。提高普惠保险服务的数字化、智能化水平，提高线上承保理赔能力。提供适老化和无障碍服务，方便有需要的群众。支持金融基础设施对专属普惠保险产品进行公开宣传和展示，提供集中登记和信息披露，搭建一站式投保和综合服务窗口。

（十二）规范普惠保险代理和协办。保险公司通过保险中介机构代理普惠保险业务的，要建立相对稳定的合作关系，确保服务的可及性和便利性。专属普惠保险产品的中介费用率原则上要低于同类型其他保险产品的中介费用率。支持保险公司探索委托邮政等承担国家普遍服务义务的社会基础设施（企业）在政策允许范围内协助办理专属普惠保险服务。

四、优化普惠保险发展环境

（十三）加强组织保障。相关司局和各监管局要高度重视普惠保险发展，各负其责，协同配合，建立完善推进普惠保险发展的工作机制。

（十四）夯实普惠保险数据基础。在确保信息安全的前提下，依托银行保险金融基础设施，实现行业内普惠保险信息共享。依法合规推进行业数据与卫生健康、人力资源社会保障、民政等部门及相关机构的信息共享，拓展普惠保险相关数据来源，提升普惠保险产品定价科学性，增强普惠保险风险管理能力。

（十五）积极协调争取各方支持。各监管局和保险公司要积极与地方党委、政府和行业主管部门沟通，争取将发展普惠保险纳入当地民生保障工程，给予政策和资源支持。支持地方政府通过普惠保险方式进行社会风险管理，化解社会矛盾纠纷。鼓励保险公司与行业和社会组织、企业等合作，开发专属普惠保险产品。鼓励社会各界通过普惠保险进行公益捐赠。

（十六）深入开展普惠保险教育。鼓励社会各界开展普惠保险教育活动，传播正确保险知识，提升全民保险意识，形成科学、理性的保险理念。大力宣传推广普惠保险典型案例和有效做法，为普惠保险发展营造良好社会氛围。

（十七）深化普惠保险发展规律研究。鼓励和支持保险行业、高校、科研机构、保险社团组织等开展普惠保险理论研究，探索普惠保险发展规律，完善普惠保险政策制度，逐步建立符合我国国情的发展模式。开展国内外普惠保险经验交流，积极参与普惠保险国际规则制定，不断提升我国普惠保险的国际影响力。

五、加强普惠保险监管

（十八）完善普惠保险监测评估。建立健全包含产品种类、覆盖范围、保障情况、服务质量等多维度的普惠保险指标体系，科学反映各地区、各领域、各机构普惠保险发展情况和服务成效。对普惠保险发展情况不定期进行评估，适时向社会通报普惠保险发展成果，引导普惠保险规范有序发展。

（十九）强化普惠保险业务监管。研究将普惠保险纳入保险公司监管评价体系，进行差异化监管。健全普惠保险风险监测、防范和处置机制。偿付能力不足的保险公司不得开展专属普惠保险业务。加大普惠保险业务监督检查力度，对发现的违法违规问题，依法严肃处理。对发生重大群体性事件的保险公司和保险中介机构，视情况依法采取必要的监管措施。

（二十）加大消费者权益保护力度。保险公司要规范普惠保险服务内容，改进服务质量，完善消费投诉处理机制和纠纷多元化解机制，落实首问负责制。通过代理、协办方式开展普惠保险业务的，保险公司依法承担处理保险消费纠纷的责任，切实保护消费者合法权益。监管部门要强化普惠保险消费者权益保护监督检查，及时查处侵害消费者合法权益的行为。

国家金融监督管理总局有关司局负责人就《关于推进普惠保险高质量发展的指导意见》答记者问

为深入贯彻中央金融工作会议精神和《国务院关于推进普惠金融高质量发展的实施意见》要求，国家金融监督管理总局于2024年5月29日发布《国家金融监督管理总局关于推进普惠保险高质量发展的指导意见》（以下简称《指导意见》）。国家金融监督管理总局有关司局负责人就《指导意见》回答了记者提问。

问：《指导意见》出台的背景是什么？

答：中央金融工作会议明确指出，“要做好科技金融、绿色金融、普惠金融、养老金融、数字金融五篇大文章”。2023年国务院也印发了《关于推进普惠金融高质量发展的实施意见》，对普惠保险发展提出了新的要求。各类市场主体积极开展普惠保险业务，普惠保险服务供给不断深化，产品类型不断丰富，社会覆盖面逐步拓展，普惠保险整体呈现稳步发展势头，并取得了较好成效。但也要看到，当前普惠保险发展仍存在服务广度不够、质量不高、创新不足等问题，保险供给与人民群众保障需求之间仍存在较大差距。为更好推动普惠保险发展，提高保险业普惠保险经营能力和服务水平，国家金融监督管理总局研究印发了《指导意见》，着力完善普惠保险制度规则，并提供有力的政策支持。

问：普惠保险高质量发展要坚持什么原则？

答：一是坚持广泛覆盖，提升保险服务的可及性。坚持以人民为中心的价值取向，深入基层，贴近市场，不断拓宽保险服务区域、领域和群体，稳步提升保险深度和保险密度。推进保险产品标准化、通俗化、简单化，提升服务便利性，确保人民群众“买得到”保险。二是坚持惠民利民，提升保险服务的可负担性。坚持改革创新，改进风险管理和产品定价模型，提升保险业精细化管理水平。优化重点领域和重点群体保险服务，加大政策、资源倾斜力度，强化科技赋能，降低运营管理成本，确保人民群众“买得起”保险。三是坚持公平诚信，提升保险产品的保障属性。坚持政策引领、市场化运作，完善基础设施和制度规则，因地制宜发展面向特定群体的定制型保险业务。提升社会公众保险意识，培育契约精神和诚信文化。切实改进理赔服务质量和效率，推进依法合规“赔得满意”。四是坚持稳健运行，提升保险经营的可持续性。坚持底线思维，统筹发展与安全，加强和完善现代保险监管。加大违法违规行为查处力度，严厉打击保险欺诈。把握保险经营规律，强化产品定价回溯分析，加大长周期评估考核力度，促进普惠保险长期持续健康发展。

问：普惠保险发展的目标是什么？

答：普惠保险作为我国普惠金融的重要组成部分，要围绕保障民生、服务社会，努力为广大人民群众提供广泛覆盖、公平可得、保费合理、保障有效的保险服务。未来五年，高质量的普惠保险发展体系基本建成。基础保险服务提质扩面取得新进展，重点领域和重点群体保险服务可得性实现新提升，保险基础设施和发展环境得到新改善，防范化解保险风险取得新成效，普惠保险助力金融强国建设迈上新台阶。

问：当前普惠保险发展的重点领域有哪些？

答：提升农民和城镇低收入群体的保障水平，加大对老年人、妇女、儿童、残疾人、慢性病人群、特殊职业和新市民等群体的保障力度，提高小微企业、个体工商户和新型农业经营主体等的抗风险能力。大力发展农业保险和养老保险，积极参与应对自然灾害、事故灾难、公共卫生、校园安全、道路安全等突发事件，开展风险减量服务，有效提升各类风险的保障能力。积极发展医疗责任、医疗意外和疫苗接种等相关保险。适应人口政策调整带来的变化，积极发展生育、儿童等保险，满足家庭风险保障需求。

问：《指导意见》针对养老方面有哪些举措？

答：《指导意见》支持保险服务多样化养老需求，创新发展各类商业养老保险产品，开发投保简单、交费灵活、收益稳健、领取形式多样的商业养老年金产品，积极应对老龄化挑战。在风险有效隔离的基础上，支持保险公司以适当方式参与养老服务体系建设，探索实现长期护理、风险保障与机构养老、社区养老等服务有效衔接。

问：保险公司如何完善普惠保险管理机制？

答：《指导意见》要求保险公司要建立普惠保险发展领导体制，董事会和管理层要定期听取普惠保险发展情况，加强普惠保险战略规划和顶层设计。保险公司要明确普惠保险业务牵头部门，建立推动普惠保险高质量发展的工作机制。保险公司要将开展普惠保险、履行社会责任纳入经营绩效考核，大型保险公司普惠保险考核权重原则上不低于5%。加强普惠保险内控管理，确保经营行为依法合规、业务财务数据真实，及时识别和防控相关风险。

问：保险公司要从哪些方面改进和提升普惠保险服务？

答：保险公司要主动承担保障民生、服务社会的责任使命，立足自身经营特点和优势，积极参与和推动普惠保险发展。坚持自愿投保原则，依法保护普惠保险投保人的知情权和选择权。要真实、准确、完整地宣传普惠保险产品，推进保险产品的标准化、通俗化、简单化。提高普惠保险服务的数字化、智能化水平，提供适老化和无障碍服务。通过保险中介机构代理普惠保险业务的，要建立相对稳定的合作关系，确保服务的可及性和便利性。保险公司要提供便捷的承保、理赔和查询服务，做到“应赔尽赔、能赔快赔”。

问：《指导意见》对加强消费者权益保护有什么要求？

答：《指导意见》要求保险公司要规范普惠保险服务内容，改进服务质量，完善消费投诉处理机制和纠纷多元化解机制，落实首问负责制。通过代理、协办方式开展普惠保险业务的，保险公司依法承担处理保险消费纠纷的责任，切实保护消费者合法权益。监管部门要强化普惠保险消费者权益保护监督检查，及时查处侵害消费者合法权益的行为。

（来源：国家金融监督管理总局网站）

国家市场监督管理总局　商务部　国家文物局

关于促进网络拍卖规范健康发展的指导意见

2024年4月30日　　　　　　　　国市监网监发〔2024〕50号

各省、自治区、直辖市和新疆生产建设兵团市场监管局（厅、委），商务主管部门、文物局（文化和旅游厅/局）：

网络拍卖是通过互联网等信息网络，以公开竞价的形式，将特定物品或者财产权利转让给最高应价者的拍卖活动。近年来，网络拍卖在盘活存量资产、提高要素配置效率、完善现代流通体系等方面发挥了积极作用。为进一步规范网络拍卖市场秩序，促进拍卖行业高质量发展，依据《拍卖法》《电子商务法》《文物保护法》和相关法律规定，现就促进网络拍卖规范健康发展提出以下指导意见。

一、加强网络拍卖市场准入管理

坚持拍卖监管制度的一致性，按照现行拍卖法律法规，严格网络拍卖市场准入。从事经营性网络拍卖活动应当依据《公司法》取得企业法人资格，依据《拍卖法》取得商务主管部门颁发的《拍卖经营批准证书》，法律法规或全国人大决定有其他规定的除外。通过网络拍卖文物的，应当依据《文物保护法》取得文物部门颁发的《文物拍卖许可证》，文物标的在拍卖前应当经文物部门审核批准。督促网络拍卖经营者在网站首页或者从事网络拍卖经营活动的主页面显著位置公示营业执照、拍卖许可、文物拍卖许可等信息，或者该信息的链接标识。

二、加强网络拍卖制度供给

修订完善拍卖有关部门规章。加大网络拍卖相关标准制修订工作力度，进一步完善网络拍卖国家标准。鼓励行业协会、企业、研究机构开展标准研制，制定文物等细分领域网络拍卖的行业标准和团体标准。制定并推广使用覆盖网络拍卖全流程的交易合同示范文本，切实规范拍卖签约履约行为，保障合同各方当事人合法权益。

三、加强网络拍卖行业模式创新

鼓励各类经营主体参与网络拍卖市场的模式创新。引导各类经营主体参与大数据存储、网络与信息安全维护等网络拍卖基础设施建设。鼓励各类经营主体开发涵盖网络拍卖公告、拍品展示、拍卖师主持、网络竞价、成交确认、电子签署、拍卖价款结算、资料存档等功能的全流程网络拍卖系统，实现拍卖法定程序功能的全流程线上化。推动各类经营主体研发直播拍卖、现场与网络同步拍卖等充分发挥拍卖师作用、客观真实全面准确展示拍卖标的、切实保障竞买人知情权的产品，研发拍品审定、拍品展示、拍品验证类技术产品以及建设细分市场网络拍卖平台。

四、加强网络拍卖平台技术创新

鼓励网络拍卖平台经营者发挥技术、数据优势参与网络拍卖服务体系建设，推动拍卖行业数字化建设。引导网络拍卖平台经营者依照拍卖法律法规及拍卖业务标准，建设和优化网络拍卖服务系统，为网络拍卖活动提供合法、安全、高质量的平台服务。推动网络拍卖平台经营者、拍卖企业以及拍卖活动上下游法人及非法人组织开展合作，培育涵盖法律、评估、展览、物流、仓储、金融等服务功能的良好网络拍卖市场生态。

五、加强网络拍卖企业服务提升

鼓励拍卖企业进一步提升服务质量。引导拍卖企业进一步发挥市场和专业优势，利用互联网、大数据等新技术创新服务模式，丰富服务场景，拓宽服务内容。推动拍卖企业应用新技术手段提供标的尽职调查、鉴定评估、审定评级、标的询价、市场推广、精准营销等拍卖相关服务。鼓励拍卖企业拓展合法的新拍卖品类，促进市场专业化、规模化发展。推进网络文物拍卖与托付保管、在线展示、教育研学等业态融合发展。

六、加强网络拍卖活动监管执法

加大竞争执法力度，促进网络拍卖市场公平竞争、有序发展。依法查处网络拍卖平台实施垄断协议和滥用市场支配地位行为、违法实施经营者集中和不正当竞争行为，依法制止网络拍卖领域滥用行政权力排除、限制竞争行为。强化社会监督，加强对拍卖许可、文物拍卖许可信息的公开、公示力度。重点规制网络拍卖中“有照无证”“无照无证”经营、虚假宣传、恶意串通、虚构交易、以假充真、文物拍卖标的未经审核、拍卖国家禁止买卖的文物等违法行为。

七、加强网络拍卖监管协作

加强部门协作，推动建立拍卖行业主管部门、市场监管部门、文物行政部门之间情况通报、信息共享、执法联动工作机制。强化部门协同、上下配合、央地联动，加强对网络拍卖领域重大问题的协同研判。加强监管政策统筹协调，形成稳定发展预期，提振发展信心。

八、加强网络拍卖平台自治

推动网络拍卖平台经营者全面落实《电子商务法》《网络交易监督管理办法》等法律法规关于平台责任的要求，认真履行对平台内网络拍卖经营者的身份、拍卖许可等信息的核验、登记义务，对违规拍卖信息的依法处置、报告责任。针对文物等特许经营的拍卖品类，督促网络拍卖平台经营者完善专业审核能力和内控制度建设，加强对违法违规交易的动态巡查和及时处置。引导网络拍卖平台经营者为平台内网络拍卖经营者依法履行信息公示义务提供技术支持，督促网络拍卖经营者公示相关信息。对网络拍卖平台经营者作为拍卖人开展的网络拍卖业务应当标记“拍卖自营”，以确保拍卖相关当事人能够清晰辨认。引导网络拍卖平台经营者遵循公平、公正原则，不得利用平台规则或市场支配地位侵害、限制竞争或减损平台内外网络拍卖经营者及其他市场主体的合法权益。

九、加强网络拍卖行业自律

鼓励行业自律，构建诚信体系。鼓励行业协会制定网络拍卖服务规范和自律公约，开展签约承诺，引导网络拍卖企业和网络拍卖平台经营者依法诚信经营，自觉承担网络拍卖市场的主体责任，维护拍卖各方当事人的合法权益。推动行业协会建立健全企业信用档案，依法收集、记录企业信用信息，开展信用评价。组织开展自律合规培训，强化规范经营理念，形成长效机制。

十、加强网络拍卖试点探索

探索建立适应网络拍卖市场规范健康发展的监管模式，构建与网络拍卖业态发展相适应的制度环境，不断完善网络拍卖监管体系，优化网络拍卖服务机制。探索优化网络文物拍卖标的审核程序，利用新技术加强网络文物拍卖动态监测，推进网络文物拍卖信用监管试点。认真总结、及时提炼试点工作中的有效做法、成功经验，立足特色、发挥优势，推动形成具有示范效应、可复制、可推广的制度成果，着力推动网络拍卖行业高质量发展。

国家市场监督管理总局有关司局负责人就《关于促进网络拍卖规范健康发展的指导意见》答记者问

2024年4月30日，国家市场监督管理总局、商务部、国家文物局联合印发《关于促进网络拍卖规范健康发展的指导意见》（以下简称《指导意见》），国家市场监督管理总局有关司局负责人就相关问题回答了记者提问。

问：《指导意见》出台的背景是什么？

答：近年来，我国网络拍卖蓬勃发展。截至2023年，各类网络拍卖活动的年成交规模已超万亿元，成为非标资产交易的重要方式，在盘活存量资产、提高要素配置效率、完善现代流通体系等方面作用明显，对稳增长、促消费、扩就业有积极影响。

但是，由于拍卖法和《拍卖管理办法》《拍卖监督管理办法》《文物拍卖管理办法》等制定时间较早，未对网络拍卖作出明确规定。部分主体资质不合规、业务开展不规范、监管制度不完善、诚信体系待加强等问题日渐突出。为了解决上述问题，进一步完善网络拍卖监管制度，规范网络拍卖市场秩序，促进拍卖行业高质量发展，市场监管总局联合商务部、国家文物局，依据民法典、拍卖法、电子商务法、文物保护法和《拍卖管理办法》《拍卖监督管理办法》等法律和规章，坚持问题导向，从网络拍卖发展的实际出发，研究制定《指导意见》。

问：《指导意见》在规范和促进网络拍卖活动方面有哪些亮点？

答：《指导意见》的出台具有三个方面的重要意义。

一是《指导意见》是网络拍卖领域第一个规范性文件，填补了网络拍卖管理的制度空白，首次明确坚持线上线下拍卖监管制度的一致性，要求从事经营性网络拍卖应当遵守现行拍卖法律法规。

二是《指导意见》首次明确了网络拍卖平台经营者的主体责任，包括全面落实电子商务法和《网络交易监督管理办法》等法律法规关于平台责任的要求，履行对平台内网络拍卖经营者信息的核验、登记义务，并明确对违规拍卖信息的依法处置、报告责任等。

三是根据推动传统产业改造升级、支持现代服务业发展的有关要求，《指导意见》首次提出鼓励网络拍卖创新发展的具体意见，其出台有利于促进网络拍卖行业的持续健康发展。

问：近年来，网络拍卖新形式不断出现，如何对网络拍卖新形式进行有效监管备受关注。对此，《指导意见》有哪些规定？

答："现场与网络同步拍卖""直播拍卖""网络竞价"等新形式、新业态不断出现，网络拍卖活动中"有照无证""无照无证"经营、虚假宣传、恶意串通、虚构交易、以假充真、文物拍卖标的未经审核、拍卖国家禁止买卖的文物等违法行为时有发生，如何对上述现象进行有效监管迫在眉睫。对此，《指导意见》提出三方面的要求。

一是加强网络拍卖市场准入管理。从事经营性网络拍卖活动应当依据公司法取得企业法人资格，依据拍卖法取得商务主管部门颁发的

《拍卖经营批准证书》，网络司法拍卖等法律法规有其他规定的除外。通过网络拍卖文物的，应当依据文物保护法取得文物行政部门颁发的《文物拍卖许可证》，文物标的在拍卖前应当经文物部门审核批准。

二是加强网络拍卖活动监管执法。通过加大执法力度、强化社会监督，加大许可信息公开和公示力度等措施，重点规制网络拍卖活动中扰乱市场秩序的违法行为。

三是加强网络拍卖监管协作。推动建立拍卖行业主管部门、市场监管部门、文物行政部门间的情况通报、信息共享、执法联动工作机制。

问：《指导意见》为网络拍卖市场创新发展指明了方向，具体体现在哪些方面？

答：规范监管和促进发展并重是《指导意见》的突出特点。针对拍卖活动法定程序和交易特点，《指导意见》鼓励模式创新，引导各类经营主体参与网络拍卖基础设施建设、开发全流程网络拍卖系统、研发切实保障竞买人知情权的标的展示产品。针对网络拍卖特有的平台主体，《指导意见》鼓励技术创新，引导网络拍卖平台经营者依照拍卖法律法规及业务标准，主动参与网络拍卖市场体系建设，形成良好的网络拍卖市场生态。针对网络拍卖行业高质量发展，《指导意见》鼓励服务创新，引导拍卖企业进一步发挥市场和专业优势，创新服务模式，丰富服务场景，拓宽服务内容，促进网络拍卖专业化、规模化发展。针对释放网络文物拍卖发展活力，《指导意见》鼓励业态创新，推动制定网络文物拍卖相关标准，引导网络文物拍卖经营主体延伸产业链条，推进网络文物拍卖与托付保管、在线展示、教育研学等业态融合发展。

问：网络拍卖平台经营者是网络拍卖活动的重要参与者。针对进一步压实平台主体责任，《指导意见》规定了哪些具体措施？

答：平台具有“市场”和“企业”双重属性，在网络拍卖活动中发挥着独特作用，是推动网络拍卖规范健康发展的重要参与者。压实平台主体责任，强化平台内部治理，对保护网络拍卖当事人和平台内网络拍卖经营者的合法权益，营造安全、放心的网络拍卖市场环境意义重大。

《指导意见》依照电子商务法和《网络交易监督管理办法》等法律规章关于平台责任的要求，结合拍卖法和文物保护法等相关法律规定，对压实网络拍卖平台经营者责任作出一系列规定，主要包括：一是对平台内网络拍卖经营者的身份、拍卖许可、文物拍卖许可等信息进行核验、登记；二是对平台内的违规拍卖信息进行依法处置、报告；三是针对文物等特许经营的拍卖品类，网络拍卖平台经营者要完善专业审核能力和内控制度建设，加强对违法违规交易的动态巡查和及时处置；四是为平台内网络拍卖经营者依法履行信息公示义务提供条件，督促网络拍卖经营者公示经营许可相关信息；五是网络拍卖平台经营者作为拍卖人开展的网络拍卖业务应当标记“拍卖自营”，以确保拍卖相关当事人能够清晰辨认。

（来源：国家市场监督管理总局网站）

自然资源部

关于印发《不动产权证书和登记证明监制办法》的通知

2024 年 5 月 30 日　　　　　　　　自然资发〔2024〕98 号

各省、自治区、直辖市自然资源主管部门，新疆生产建设兵团自然资源局，部有关直属单位：

为保证不动产权证书和登记证明印制质量，保护不动产权利人合法权益，保障不动产交易安全，加强印制发行全过程把控，依据《不动产登记暂行条例》和《不动产登记暂行条例实施细则》，自然资源部制定了《不动产权证书和登记证明监制办法》。现予以印发，请遵照执行。

原国土资源部印发的《不动产权证书和登记证明监制办法》（国土资规〔2016〕5 号）到期自动失效，不再执行。

不动产权证书和登记证明监制办法

第一条　为保证不动产权证书和登记证明的印制质量，保护不动产权利人合法权益，保障不动产交易安全，加强印制发行全过程把控，依据《不动产登记暂行条例》和《不动产登记暂行条例实施细则》，制定本办法。

第二条 不动产权证书、不动产登记证明由自然资源部统一监制。监制职责包括：发布不动产权证书和登记证明的统一样式，规定不动产权证书和登记证明的印制标准，实行不动产权证书和登记证明印制情况备案，掌握全国不动产权证书和登记证明印制和发行情况。自然资源部不动产登记中心具体承办不动产权证书和登记证明监制的事务性工作，组织印制和发放国务院确定的国家重点林区、国务院批准项目用海用岛不动产登记所需的不动产权证书和登记证明。

第三条 省级自然资源主管部门要严格依照自然资源部规定的统一样式、印制标准，统一负责本行政区域内不动产权证书和登记证明的印制、发行、管理和质量监督工作，有关权限不得下放到市、县自然资源主管部门。按照有关规定，采取公开招标等符合政府采购规定的方式，确定不动产权证书和登记证明的承印单位；决定本地是否需要印制增加少数民族文字的不动产权证书和登记证明，需要使用少数民族文字的，统一组织翻译、印制和发布，并与全国统一的不动产权证书和登记证明内容保持一致；建立规范的不动产权证书和登记证明作废、销毁及空白证管理机制。

第四条 在开始批量印制不动产权证书和登记证明前，省级自然资源主管部门应当将承印单位的确定方式，承印单位的名称、服务期限、印制单价以及承印单位制作的不动产权证书和登记证明样本，报自然资源部备案。

第五条 省级自然资源主管部门应当加强不动产权证书和登记证明成本核算和印制管理，严格控制印制成本，建立廉政风险防范制度。统一组织承印单位按照印制合同或者任务书确定的不动产权证书和登记证明种类、数量，开展印制工作，保证印制质量，确保具有唯一的印制流水号。

第六条 省级自然资源主管部门应当及时掌握本行政区域内不动产权证书和登记证明的印制数量、印制流水号段和发行情况，并在发行的同时在线报自然资源部汇总统计。

第七条 为应对和防范出现违法违规印制不动产权证书和登记证明的情形，自然资源部开展不动产权证书和登记证明印制流水号的号段发放区域、增加少数民族文字的不动产权证书和登记证明样本的网络查询服务。

第八条 制发不动产登记电子证照参照纸质证书证明监制要求。省级自然资源主管部门要严格依照自然资源部规定的统一样式、标准规范，统一负责本行政区域内不动产登记电子证照制发管理，确保与纸质证书证明内容一致、唯一关联，并将版式文件报自然资源部备案。加强不动产登记电子证照生成、签发、传输、存储、共享应用全过程管理，强化安全保密防控措施，保障电子证照网络和信息安全。

地方性法规、地方政府规章与解读

海南自由贸易港国际商事仲裁发展若干规定

（2024 年 5 月 29 日海南省第七届人民代表大会常务委员会第十一次会议通过　2024 年 5 月 29 日海南省人民代表大会常务委员会第 36 号公告公布　自 2024 年 7 月 1 日起施行）

第一条　为了促进海南自由贸易港国际商事仲裁事业发展，提高仲裁公信力，创新多元商事纠纷解决机制，推进服务海南自由贸易港、面向太平洋和印度洋的国际商事仲裁中心建设，遵循《中华人民共和国仲裁法》（以下简称《仲裁法》）等有关法律、法规基本原则，根据《中华人民共和国海南自由贸易港法》，结合实际，制定本规定。

第二条　省人民政府应当支持和促进仲裁事业发展，研究制定支持服务仲裁发展政策，统筹协调国际商事仲裁发展的重大事项。

省人民政府司法行政部门负责指导监督仲裁工作，组织编制仲裁发展规划，依法加强对仲裁机构的登记管理，优化登记服务。

省人民政府发展和改革、自然资源和规划、商务、财政、人力资源和社会保障、公安等部门，以及海事等单位，有关市县人民政府及其部门依据各自职责，加强协同配合，做好国际商事仲裁发展相关工作。

第三条　县级以上人民政府及其有关部门在规划、资金、土地、人才、公用事业等方面加大对仲裁等法律服务机构的支持力度。

县级以上人民政府及其有关部门应当支持高等院校、科研机构、行业协会、商会等加大对仲裁及其相关专业人才培养力度，支持律师、公证、鉴定评估、域外法律查明、翻译、速记等行业发展，提升仲裁服务水平。

鼓励有关市、县、自治县人民政府和重点园区制定促进仲裁发展的具体措施。

第四条 海南自由贸易港仲裁行业协会（以下简称仲裁协会）是海南自由贸易港内的仲裁机构和仲裁从业人员的自律组织。鼓励海南自由贸易港内的仲裁机构聘任的境外仲裁员自愿申请加入协会。

仲裁协会应当根据章程加强行业自律和行业诚信建设，对会员的行为进行监督，规范行业秩序，维护仲裁机构和从业人员的合法权益。

支持仲裁协会与境内外相关行业协会、商会和经济贸易组织等加强联系，开展业务培训与交流等活动，提升仲裁专业能力。

第五条 在海南自由贸易港依法组建并经省人民政府司法行政部门登记设立的仲裁机构属于非营利法人。

鼓励境内其他地区仲裁机构按照有关规定在海南自由贸易港设立分支机构，开展仲裁活动。

鼓励境外仲裁机构按照有关规定在海南自由贸易港设立业务机构，开展相关涉外仲裁业务。

海南自由贸易港内的仲裁机构可以与境内外仲裁机构按照有关规定以合作方式在海南自由贸易港设立业务机构或者分支机构。

第六条 鼓励海南自由贸易港内的仲裁机构拓展国际业务，促进国际贸易、知识产权、科技创新、海事海商、生态经济、种业等领域仲裁专业化发展。

仲裁机构可以采取仲裁、调解、谈判促进、专家辅助裁决以及当事人约定或者请求的其他与仲裁有机衔接的方式，解决境内外自然人、法人和其他组织之间的商事纠纷。

第七条 支持海南自由贸易港内的仲裁机构与境内外仲裁机构、调解机构等争议解决机构建立合作机制，开展前沿问题研究，推进信息、设施、服务、人员等资源共享合作。鼓励仲裁从业人员参与有关国际规则制定、多边贸易谈判等工作。

支持海南自由贸易港内的仲裁机构在境外设立分支机构，与当地司法机关、商事仲裁机构深化交流合作，加强海南自由贸易港仲裁品牌建设。

第八条 鼓励海南自由贸易港内的仲裁机构聘请境外专业人士担任决策机构组成人员、仲裁员和仲裁秘书。

第九条 符合条件的仲裁机构、仲裁员、仲裁秘书在海南自由贸易港办案所得可以按照规定享受相关的税收优惠政策。

仲裁机构从业人员按照有关规定享受相关人才支持和保障政策。

第十条 支持金融机构为海南自由贸易港内的仲裁机构、仲裁员以及其他仲裁从业人员开展国际仲裁活动提供方便快捷的汇兑服务。

符合条件的仲裁机构和境外仲裁从业人员可以依法开立海南自由贸易港多功能自由贸易账户，享受金融服务便利。

第十一条 来海南自由贸易港参加仲裁程序或者会议、访问、交流等仲裁活动的符合条件的境外人员，可以按照有关规定享受办理出入境证件的便利。未能及时在驻外使领馆办理签证的外籍人员可以凭海南自由贸易港内的仲裁机构或者仲裁协会签发的仲裁开庭通知或者会议（活动）邀请函等材料申请办理口岸签证。

仲裁机构聘任的外籍工作人员，可以按照规定申请办理最长有效期的工作类居留证件。符合相关认定标准的外籍工作人员，可以依法申请在我国永久居留。

第十二条 倡导市场主体选择以仲裁方式解决争议。

倡导有关行业组织、商会组织、国有企业在合同、合同示范文本中将仲裁列为争议解决方式。支持市场主体选择海南自由贸易港内的仲裁机构进行仲裁，或者选择海南自由贸易港作为仲裁地。

第十三条 当事人约定海南自由贸易港内的仲裁机构仲裁的，可以从约定仲裁机构的推荐名册中选择仲裁员，也可以根据需要从名册外选择符合《仲裁法》规定条件的仲裁员。

当事人在仲裁机构推荐的名册外选择仲裁员的，应当披露该仲裁员的基本信息并经仲裁机构确认。

第十四条 当事人可以约定仲裁地，作为仲裁程序适用法的确定依据。仲裁裁决视为在仲裁地作出。

当事人没有约定仲裁地或者约定不明确的，以仲裁规则规定的地点为仲裁地；仲裁规则没有规定的，由仲裁庭按照便利争议解决的原则确定仲裁地，仲裁庭可以根据案件与海南自由贸易港的联系，以及便利争议解决的原则，确定海南自由贸易港为仲裁地。

第十五条 经征得当事人同意，仲裁庭可以决定通过信息网络平台或者其他信息技术支持的方式进行审理。

仲裁活动通过信息网络平台在线进行的，仲裁机构或者仲裁庭应当充分保障当事人的程序权利和信息安全。线上仲裁与线下仲裁活动具有同等法律效力。

鼓励海南自由贸易港内的仲裁机构依托现代信息技术，在符合数据安全法律规定和仲裁保密原则的前提下，加强线上仲裁、智慧仲裁建设，不断延伸服务领域，推进线上仲裁与线下仲裁协同发展。

第十六条 在海南自由贸易港注册的企业之间，海南自由贸易港注册的企业与外国或者香港特别行政区、澳门特别行政区、台湾地区的企业之间的商事纠纷，可以在海南自由贸易港进行临时仲裁。

外国或者香港特别行政区、澳门特别行政区、台湾地区的企业之间的商事纠纷，选择海南自由贸易港为仲裁地的，可以适用前款规定。

第十七条 当事人约定临时仲裁的，可以约定仲裁员的人数；没有约定人数的，仲裁员人数可以为三人或者一人。

当事人可以从仲裁协会推荐的临时仲裁员名录中指定临时仲裁员，也可以约定仲裁机构推荐名册内的仲裁员或者其他符合《仲裁法》规定条件的人员担任临时仲裁案件的仲裁员。

当事人可以约定指定仲裁员的程序，没有约定或者无法就指定仲裁员达成协议的，由仲裁协会商当事人确定。

第十八条 当事人可以约定临时仲裁程序适用的仲裁规则，包括适用国际通行仲裁规则或者行业协会、商会制定的相关仲裁规则。

当事人没有约定临时仲裁规则的，由仲裁庭自行制定具体仲裁程序或者确定适用的仲裁规则。

鼓励仲裁协会参考国际通行规则制定并公开发布临时仲裁规则，供当事人约定适用。

第十九条 临时仲裁当事人或者仲裁庭确认适用的仲裁规则对仲裁裁决形式有规定的，按照仲裁规则执行。

适用的仲裁规则对仲裁裁决形式没有规定或者规定不明的，仲裁裁决应当以书面形式作出，并应当由仲裁员签名。在有一名以上仲裁员的仲裁程序中，由仲裁庭全体成员的多数签名有效，但需要说明缺漏签名的理由。仲裁裁决应当说明其所依据的理由；当事人协议不愿写明裁决理由的，可以不写。

裁决书应当写明裁决日期和仲裁地。

裁决作出后，经仲裁员签名的裁决书应当送达各方当事人各一份。

裁决应当按照多数仲裁员的意见作出，少数仲裁员的不同意见可以记入笔录。仲裁庭不能形成多数意见时，裁决应当按照首席仲裁员的意见作出。

第二十条 仲裁协会、海南自由贸易港内的仲裁机构可以依据当事人约定或者仲裁庭的申请，提供庭审场地设施、协助组庭等必要的协助服务。

第二十一条 当事人约定由仲裁机构仲裁的，仲裁协议应当具有选定仲裁机构的内容；当事人约定适用临时仲裁程序的，不需要选定仲裁机构。

一方当事人在仲裁中主张有仲裁协议，其他当事人不予否认，视为当事人之间存在仲裁协议。

第二十二条 仲裁机构可以参照国际惯例和同行业水平，按照有关规定制定仲裁收费标准。收费标准应当公开，便利当事人查询。

临时仲裁的收费，当事人可以与仲裁员协商收费标准，也可以参照协助临时仲裁的仲裁协会、仲裁机构收费标准支付仲裁费用。

支持仲裁机构探索建立具有国际竞争力的仲裁员报酬体系。

第二十三条 人民法院应当依法支持和监督仲裁，优化对仲裁的司法审查工作机制。

支持人民法院与仲裁机构建立衔接配合工作机制，提升仲裁司法审查效率。

第二十四条 在申请仲裁前和仲裁程序进行期间，为了保障仲裁程序的开展、查明争议事实或者裁决执行，当事人可以依法向人民法院申请采取财产保全、证据保全等措施。

在仲裁程序进行期间，当事人也可以向仲裁庭申请采取财产保全、证据保全等措施，仲裁庭应当将当事人的申请提交海南自由贸易港有管辖权的人民法院，仲裁庭可以根据仲裁案件的情况提出意见。人民法院依法进行审查后作出裁定，并依法执行。

第二十五条 以海南自由贸易港为仲裁地的仲裁案件，当事人及其代理人因客观原因不能自行收集证据，仲裁庭调查收集存在困难，但确有必要收集，且证据所在地或者可收集地在海南自由贸易港的，海南自由贸易港有管辖权的人民法院可以根据仲裁机构或者仲裁庭的申请给予协助。

第二十六条 临时仲裁的仲裁协议效力认定、保全措施和仲裁裁决撤销、执行等司法审查案件申请，可以向海南自由贸易港有管辖权的人民法院提出。

第二十七条 本规定自 2024 年 7 月 1 日起施行。

解读《海南自由贸易港国际商事仲裁发展若干规定》

海南省人大常委会

2024 年 5 月 29 日，海南省第七届人大常委会第十一次会议审议通过了《海南自由贸易港国际商事仲裁发展若干规定》（以下简称《规定》），自 2024 年 7 月 1 日起施行。

一、制定《规定》的背景和意义

海南自由贸易港法提出海南自由贸易港建立多元化商事纠纷解决机制，完善国际商事纠纷案件集中审判机制，支持通过仲裁、调解等多种非诉讼方式解决纠纷。中央全面依法治国委员会于 2022 年 7 月决定在 4 个省份试点建设国际商事仲裁中心，其中明确支持将海南省打造成为服务海南自由贸易港、面向太平洋和印度洋的国际商事仲裁中心。

开展仲裁改革是中央作出的重大决策部署，也是赋予海南的重要试点任务。随着海南自贸港建设的推进，大量市场主体、特别是外国投资者的涌入，涉外民商事纠纷也在不断增多。仲裁作为国际通行的多元化解纠纷机制的手段之一，是海南自贸港打造法治化、国际化、便利化营商环境的重要方式。省人大常委会通过立法方式推进仲裁改革，既是落实党中央关于海南自由贸易港建设和国际商事仲裁中心建设试点、深化法治领域改革等有关任务要求的重要举措，也是维护我国海外利益，助力打造海南自贸港成为国际商事纠纷解决的“优选地”，提高海南涉外法律服务能力水平的重要抓手。

二、《规定》的主要内容和亮点

《规定》采用“小切口”立法方式，不分章节，共二十七条，在坚持仲裁基本制度前提下，运用海南自由贸易港法规制定权，结合海南实际，积极对接国际仲裁通行规则，推动仲裁对外开放，优化仲裁发展环境，着力提高海南自贸港仲裁的公信力、影响力和国际竞争力。《规定》重点突出以下内容。

（一）明确支持国际商事仲裁发展措施

明确省人民政府统筹协调国际商事仲裁中心建设工作中的重大事项，省人民政府有关部门、有关市县人民政府及其部门依据各自职责，加强协同配合，具体落实相关工作。各级政府及其部门在财政、税收、人才政策、出入境和金融等方面提供支持和配套服务，并对国际商事仲裁专业化建设、交流合作、业务引导等方面提出促进措施。

（二）提升仲裁对外开放和国际化水平

《规定》主动对接、积极吸纳国际通行规则，推进仲裁行业对外开放，有利于海南自贸港法治化国际化营商环境的提升。一是鼓励境内外仲裁机构按照有关规定在海南自由贸易港设立或者合作设立分支机构、业务机构，开展相关仲裁活动。二是鼓励仲裁机构拓展国际业务，聘请境外专业人士担任决策机构组成人员、仲裁员和仲裁秘书，鼓励仲裁机构聘任的境外仲裁员自愿申请加入协会。三是支持海南自由贸易港内的仲裁机构与境内外仲裁机构等争议解决机构建立合作机制，推进资源共享合作。同时，支持海南自由贸易港内的仲裁机构在境外设立分支机构，与当地司法机关、商事仲裁机构深化交流合作。四是对标国际通行规则，引入“仲裁地”概念，鼓励仲裁协会参考国际通行规则制定临时仲裁规则，支持仲裁机构探索建立具有国际竞争力的仲裁员报酬体系。

（三）开展临时仲裁活动

以是否由专门的仲裁机构来组织或辅助仲裁的进行为标准，可以将仲裁分为临时仲裁和机构仲裁。临时仲裁作为一种历史悠久的仲裁方式，在国际社会中普遍存在并被各国法律和国际公约所认可。相比机构仲裁，临时仲裁具有更加灵活、费用更低、程序更加便利等优点，尤其在国际海事等领域，更是争议解决的主要方式。《规定》对接国际仲裁通行规则，对临时仲裁作出创新规定：一是明确临时仲裁特定范围，即在海南自由贸易港注册的企业之间，海南自由贸易港注册的企业与境外企业之间，境外企业之间的商事纠纷，可以在海南自由贸易港进行临时仲裁。二是对临时仲裁规则、仲裁员选定及收费作出规范，对仲裁机构的选定作出创新规定，解决临时仲裁协议效力的问题。开展临时仲裁不仅为市场主体提供高效便捷、与国际接轨的仲裁服务，同时也丰富了商事争议解决工具箱。

（四）允许当事人从仲裁员名册外选择仲裁员

《规定》借鉴境内外先进做法，对仲裁员选择范围予以拓展，明确当事人可以根据需要从名册外选择符合仲裁法规定条件的仲裁员，扩大当事人选择仲裁员的自主权，也有利于吸引境内外优秀的仲裁员参与仲裁，提升海南仲裁竞争力。同时，为做好风险防控，明确在名册外选择仲裁员的，应当披露该仲裁员的基本信息并经仲裁机构确认。

（五）充分发挥仲裁协会行业自律作用

《规定》赋予仲裁行业协会在临时仲裁中履行协助选择临时仲裁员、制定临时仲裁示范规则、提供协助服务等职能，通过规范管理和服务，确保法规的创新成果落地见效。明确仲裁协会根据章程加强行业自律和行业诚信建设，规范行业发展秩序。

（六）加强司法监督与保障

仲裁事业的发展离不开司法监督和支持。《规定》对此予以明确，一是规定人民法院依法支持和监督仲裁，依法审查裁定和执行保全措施，根据申请对仲裁案件的调查取证给予协助。二是规定临时仲裁涉及的仲裁协议效力认定、保全措施和仲裁裁决撤销、执行等司法审查案件由海南自贸港有管辖权的法院管辖，打造友好型司法支持仲裁环境。

（来源：海南省人民代表大会常务委员会网站）

地方司法业务文件与解读

上海市高级人民法院　上海市司法局

关于印发《上海市破产管理人考核办法（试行）》的通知

2024 年 3 月 17 日　　　　沪高法〔2024〕112 号

第一、第二中级人民法院，第三中级人民法院（知识产权法院、铁路运输中级法院），金融法院，各区人民法院及铁路运输法院；各区司法局：

为持续优化营商环境，进一步推进上海市破产管理人队伍建设，完善管理人考核评价机制，健全管理人执业监督管理体系，上海市高级人民法院与上海市司法局达成共识，制定《上海市破产管理人考核办法（试行）》。现印发给你们，请遵照执行。

特此通知。

上海市破产管理人考核办法（试行）

为推进上海市破产管理人队伍建设，完善管理人考核评价机制，健全管理人执业监督管理体系，根据《中华人民共和国企业破产法》《最高人民法院关于审理企业破产案件指定管理人的规定》《上海市破产管理人分级管理办法（试行）》（以下简称“管理人分级管理办法”），经上海市高级人民法院（以下简称“市高院”）与上海市司法局（以下简称“市司法局”）共同协商研究，结合上海工作实际，制定本办法。

第一条 在市高院企业破产案件管理人名册中的律师事务所、会计师事务所、破产清算事务所等社会中介机构管理人及自然人管理人，根据本办法参加考核。

第二条 由市高院和市司法局成立联合考核小组共同开展考核工作。

第三条 考核遵循公平、公正、公开原则，促进管理人依法忠实勤勉履职。

第四条 采取每两年定期考核方式，考核结果与管理人名册和等级升降评定挂钩。具体考核事项，以考核通知为准。

第五条 考核内容主要包括管理人执业表现、管理人队伍建设、执业能力建设等，分别占比60%、30%和10%。其中管理人执业表现由个案履职评价50%、破产受理法院综合评价5%、管理人协会评价5%组成。以上各项内容的考核均实行百分制，各项得分按上述比例折合计算总分：90分（含本数）以上为优秀；80分（含本数）至89分为良好；70分（含本数）至79分为合格；60分（含本数）至69分为基本合格；60分以下为不合格。

第六条 破产受理法院建立管理人办理破产个案履职评价机制，市高院统一评价标准，个案履职评价按百分制计分，各法院做好管理人得分台账，每半年汇总一次，并报市高院。

管理人对个案履职评价得分有异议的，可以自收到评价结果通知之日起5日内向法院申请复核，法院应当于收到申请之日起10日内作出复核决定。

第七条 管理人应当在破产案件终结前，向法院和债权人会议提交履职报告，并接受质询。法院和债权人会议结合管理人履职报告对管理人忠实勤勉、廉洁合规、办理质效、作风态度等表现作出评估。管理人履职报告是个案履职评价的重要参考。

第八条 加强对大标的破产案件管理人履职的监督，强化监管措施，建立由法院委托第三方审计机制，对管理人个案履职中资产清收、保管、处置、费用支出等经济事项进行会计审核。审计费用列入破产费用。债务人资产总额 5000 万元（含本数）以上的破产案件，原则上应当对管理人履职实施第三方审计，债权人会议决定不审计的除外。法院可以根据案件（不限于以上大标的案件）实际情况，决定是否对管理人履职进行第三方审计。

第九条 管理人存在以下情形的，考核应当评定为不合格，并作除名处理。涉嫌违法犯罪的，依照相关法律规定移交公安等部门追究刑事责任：

（一）侵占或挪用债务人财产、意向投资人交纳的保证金或投资价款的；

（二）利用管理人身份进行利益输送，为自己或他人谋取不正当利益的；

（三）隐瞒与本案有利害关系等不宜担任管理人的情形，应回避而未回避，造成严重后果的；

（四）帮助破产企业虚假破产、逃避债务或故意确认虚假债权的；

（五）其他严重违法违规，损害债权人、债务人或其他利益相关方利益的情形。

第十条 市司法局考核机构管理人队伍建设情况和执业能力：

（一）团队规模以及团队成员结构的稳定性；

（二）团队成员的专业背景及从业经验；

（三）参加上海市破产管理人协会举办的业务培训及其他相关业务

培训的情况；

（四）团队管理人员对团队成员的工作指导规范及执行情况；

（五）团队内部制度的建立及执行情况；

（六）团队成员廉洁自律情况；

（七）参加执业责任保险情况和缴纳上海管理人报酬专项基金情况；

（八）与管理人队伍有关信息披露的及时性；

（九）其他与队伍建设、执业能力建设有关的情况。

第十一条 自然人管理人执业能力考核，参照机构管理人执行。

第十二条 市高院、市司法局对管理人考核结果以书面形式公开，管理人自考核结果公开之日起五日内，可以向市高院、市司法局联合考核小组申请复核一次，市高院、市司法局联合组织听证，并于听证之日起十日内作出复核决定。

第十三条 管理人年度考核被评定为基本合格、不合格，或者存在管理人分级管理办法第十六条规定的情形的，作暂停履职、限制业务范围、降级或者除名处理，再次申请恢复履职、晋级或者恢复入册，按照管理人分级管理办法相关规定办理。

第十四条 本办法自 2024 年 6 月 1 日起施行。

地方规范性文件与解读

重庆市市场监督管理局等10部门

印发《重庆市关于进一步优化政务服务提升行政效能 高效办成企业注销登记“一件事”实施方案》的通知

2024年5月6日　　　　渝市监发〔2024〕36号

各区县（自治县）市场监管局、公安局、人力社保局、住房城乡建委、医保局、税务局、市五中法院（破产法庭）、人民银行各二级分行、重庆海关各隶属海关：

为全面贯彻落实《国务院关于进一步优化政务服务提升行政效能推动“高效办成一件事”的指导意见》（国发〔2024〕3号），市市场监管局等10部门联合制定了《关于进一步优化政务服务提升行政效能高效办成企业注销登记“一件事”实施方案》，现印发给你们，请认真遵照执行。

重庆市关于进一步优化政务服务提升行政效能高效办成企业注销登记“一件事”实施方案

为深入贯彻落实政府工作报告和《国务院关于进一步优化政务服务提升行政效能推动“高效办成一件事”的指导意见》（国发〔2024〕3号），推进企业注销登记一件事改革，畅通企业注销渠道，提升政务服务效能，优化营商环境，制定本工作方案。

一、工作目标

坚持整体智治、多跨协同，兼顾效率和安全，以“数字化、标准化、智能化、便利化”为导向，推进企业注销业务流程和制度体系重构。在“渝快办”迭代企业注销登记“一件事”专区，强化部门间数据共享和业务协同，深化企业注销登记“一件事一次办”、“一类事一站办”服务改革，推动市场监管、税务、海关、社保、医保、公安、公积金、银行、药监、法院等多部门注销业务“一次告知、一站申请、智能指引、一网通办”，营造更加公开、透明、便捷的营商环境。

二、工作任务

（一）优化企业注销登记“一网通办”。迭代企业注销登记“一件事”专区功能，以企业办事视角将税务注销登记、企业注销登记、报关单位注销、社保注销登记、医保注销登记、印章备案注销、公积金账户注销、银行账户注销、食品经营许可证注销、食品生产许可证注销、旅馆业特种行业许可证注销、药品生产许可证注销、药品经营许可证注销等涉企注销业务一体化整合，提供智能文书生成、在线签名签章、通知文书查询打印等功能，推动实现企业注销“一次申请”、注销事项

“一网通办”、注销流程“智能指引”、办理结果“多端获取”，提升企业群众办事便利度和获得感。（责任单位：市市场监管局、相关市级部门）

（二）各类事项注销指引“一屏可知”。企业注销登记“一件事”专区免费提供简易注销公告、清算组备案、债权人公告、营业执照遗失公告等服务。企业在发布注销公告后可以发起“注销状态体检”，在线获取覆盖各部门注销业务办理条件、申办流程、申请方式的“一次告知”办事指引，在线查询企业税务、社保、医保等业务清结状态的“体检报告”，便利企业注销“一屏可知”，提高政策透明度和可预期性。各部门根据企业注销申请情况实时反馈办事指引，探索将符合条件的相关涉税事项即时办结。（责任单位：市市场监管局、市人力社保局、市医保局、重庆市税务局、相关市级部门）

（三）高频涉企事项注销“一键同步”。结合我市经营主体的主要业态，企业注销登记“一件事”专区同时提供餐饮业、旅馆业、药店业等高频涉企事项同步注销功能，企业申办注销登记时无须二次申请，相关涉企许可在企业依法终止后同步注销。各许可部门及时通过企业注销登记“一件事”专区获取企业注销信息，依法依职权注销相关涉企许可。（责任单位：市市场监管局、市公安局、市药监局、相关市级部门）

（四）优化税务注销即办服务。对未办理过涉税事宜的或办理过涉税事宜但未领用过发票（含代开发票）、无欠税、无其他未办结事项的企业，税务部门在企业发布注销公告后自动注销；对未处于税务检查状态、无欠税（滞纳金）及罚款、已缴纳增值税专用发票及税控专用设备的企业，税务部门当场办结税务注销登记；市场监管和税务部门实时共享企业清税信息，企业无须提交纸质清税证明。（责任单位：重庆市税务局、市市场监管局）

（五）优化“照关联办”注销流程。涉及海关报关相关业务的企业，在办结欠税（含滞纳金）、罚款及其他应办结的海关手续后，提交企业注销公告时可同步办理海关报关单位备案注销手续。企业注销登记“一件事”专区将相关信息按规范同步至海关电子口岸后，海关接收数据并启动报关单位备案注销流程，减少企业重复申请。（责任单位：重庆海关、市市场监管局）

（六）优化银行账户、公积金账户销户流程。企业可以在企业注销登记“一件事”专区自主选择提交银行账户销户预约申请，相关企业注销信息和销户预约申请信息同步至人行重庆市分行，并转至各商业银行，银行根据获取的信息，引导企业依法办理银行结算账户注销手续，进一步压减银行账户销户纸质申请材料，最大限度便利企业办事。公积金中心依法受理企业公积金单位账户销户手续申请时，实时协查企业注销登记“一件事”专区的相关企业注销数据信息，可以通过共享方式获取的营业执照等材料，不再要求企业重复提供。（责任单位：人行重庆市分行、市住房城乡建委、市市场监管局）

（七）实现“照章同步”注销。企业办理完成注销登记后，公安部门实时获取企业注销相关信息，自动注销企业印模备案信息，并依托重庆市行业场所治安管理信息系统对社会提供印章注销信息自主查询功能，便利企业办事。（责任单位：市公安局、市市场监管局）

（八）实现破产企业“便捷出清”。探索在企业注销登记“一件事”专区为企业破产管理人提供查询和文书获取服务，破产管理人直接登录专区办理破产企业注销业务，在线共享获取企业破产裁定书，无须办理注销公告或提交书面材料。市高法院及时向市场监管部门共享破产管理人相关信息、破产裁定文书等信息，便利破产企业“便捷出清”。（责任单位：市高法院、市市场监管局）

三、工作进度安排

（一）2024 年 5 月 31 日前：联合制定《企业注销登记“一件事”办事指南》；完成与企业注销登记“一件事”专区的对接以及本部门业

务系统的适配改造，相关数据信息互通共享，联调联试基本完成，企业注销登记“一件事”专区试运行。

（二）2024 年 6 月 30 日前：上线运行企业注销登记“一件事”专区，向社会发布《企业注销登记“一件事”办事指南》，开展相关宣传活动，营造良好改革氛围。

四、组织保障

（一）加强组织领导。市市场监管局牵头组织推进企业注销登记“一件事”工作，会同税务、海关、社保、医保、公安、公积金、银行、药监、法院等部门协同推进相关工作，结合数字重庆建设要求和工作实际细化方案，明确职责分工，确保各项任务取得实效。

（二）强化业务培训。各市级部门以及各区县部门要按照企业注销登记“一件事”规范流程，做好工作人员特别是窗口人员的业务培训工作，不断提升业务水平和工作能力，切实做到企业注销办理流程和材料“一口清”，避免企业群众重复跑路。

（三）注重宣传引导。各部门加大宣传推广力度，要采取多样化渠道做好企业注销登记“一件事”的政策解读和舆论引导，突出企业注销便利高效的同时注重对企业的法律法规宣传，明确注销过程中的主体责任，营造社会认知、企业认可、群众认同的良好改革氛围。

指导案例、典型案例与解读

无锡法院消费者权益保护典型案例

（2024年3月15日江苏省无锡市中级人民法院发布）

目　录

案例一

开发商交付房屋与沙盘标示不一致侵犯消费者权益应承担违约责任

——周某、陆某与某房产公司商品房买卖合同纠纷案

【基本案情】

某房产公司售楼处展示的沙盘模型明确标示 111 号别墅与 112 号别墅相连，与相邻其他别墅不相连。周某、陆某看中该两套别墅后分别与某房产公司签订了《商品房买卖合同》，合同附件平面图显示两套别墅与沙盘标示一致。后某房产公司在建造时将 111 号、112 号双拼别墅变更为联排别墅。周某、陆某提起诉讼要求解除合同。法院认为，周某、陆某购买涉案房屋具有对于双拼别墅的特定需求。某房产公司对双拼别墅作出了具体确定的标示，对商品房买卖合同的订立具有重大影响，应当作为合同内容，最终认定房产公司构成违约，支持周某、陆某解除合同的诉请。

【法官说法】

开发商在推广商品房过程中，往往会以发布销售广告、在售楼处设置展示沙盘、发放书面资料等形式进行宣传，部分内容会涉及房屋的户型结构和设施的具体说明，相关宣传和说明会对购房人的购房意愿产生重大影响。购房人在签订购房合同前，要全面了解房屋各项信息，要求开发商对宣传内容进行明确具体的说明，注意保存各种宣传资料，必要时可拍摄相关照片和视频，以便发生纠纷时有效维护自身利益。开发商在宣传和销售过程中，应当遵循诚信原则，全面客观地将房屋各项信息

告知购房人，对于可能影响购房人合同目的的重大事项应当及时披露，不得刻意隐瞒，否则会损害购房人的合法权益，需承担相应法律责任。

案例二

组织拍卖者虚构身份哄抬竞价的行为构成欺诈

——陈某与某车拍公司拍卖合同纠纷案

【基本案情】

2021年，某车拍公司受他人委托在淘宝阿里拍卖平台拍卖二手汽车，起拍价100元，最终陈某以60900元拍得该辆汽车。事后陈某查询得知，参与竞拍的部分账号系通过某车拍公司法定代表人及员工手机注册。经行政机关查证属实后对某车拍公司作出了行政处罚。陈某以某车拍公司构成欺诈为由，诉至法院主张三倍赔偿。法院经审理认为，某车拍公司利用其特殊身份参与自己组织的拍卖活动，误导陈某作出错误的意思表示，构成价格欺诈。考虑到案涉车辆有案外人合法报价及加价幅度等情况，认定某车拍公司应在陈某受欺诈的价款范围内支付三倍赔偿31200元。

【法官说法】

随着在线拍卖的迅速发展，组织者自己参与出价或雇佣出价已成为网络拍卖中最主要的一种欺诈行为。由于网上难以确认各方身份，拍卖公司更容易虚构身份在自己组织的拍卖活动中参与竞价，通过哄抬竞价赚取更多佣金。本案陈某竞拍车辆系用于日常生活，属于消费者范畴，可以适用消费者权益保护法中的惩罚性赔偿条款。同时，拍卖活动不同于普通买卖关系中只存在单一购买者、价格相对确定的情形，存在多个潜在购买者，亦存在着价高者得的竞价程序。故拍卖活动中合理的竞价行为应当予以肯定，其他正常竞买人的正常出价情形对购买人不构成欺诈，在计算欺诈范围时应予扣除。

案例三

二手车经营者篡改里程数未向消费者如实披露应退一赔三

——胡某与某汽车服务部买卖合同纠纷案

【基本案情】

2021 年 12 月，某汽车服务部在二手车之家网站上发布奔驰 S 级 2014 款 S400L 豪华型二手车信息，载明上牌时间 2014 年 10 月，表显里程 14 万公里，车况非常好等。胡某看到该信息后致电某汽车服务部，后与某汽车服务部签订二手车买卖合同，合同中备注的“真实公里数 14 万公里”被某汽车服务部经营者用横线画去。胡某保养时发现该车在 2021 年 12 月 14 日时真实公里数实际为 208776 公里，故诉至法院主张赔偿。某汽车服务部经营者认可在收了案涉车辆后确实进行了调表，并称已口头告知胡某真实里程数，但未提供如实告知的依据。法院经审理认为，车辆公里数是衡量二手车价值的重要因素之一，某汽车服务部篡改表显里程数、发布虚假信息，存在刻意隐瞒车辆真实公里数的主观故意，构成欺诈，应当承担退一赔三的责任。

【法官说法】

消费者在购买二手车时，除对品牌、颜色等外观进行挑选外，更关注的是车辆里程数、是否出过事故、维修保养记录等情况。虽然消费者最终决定购车是在考虑涉及车辆性能的所有因素及交易价格后作出的综合决定，并非仅出于对表显里程数的信任，但里程数无疑是车辆性能的重要指标之一，在影响买方最终决策的诸多因素中具有相当的权重。二手车经营者应当如实向消费者提供车辆的使用、修理、事故、检验、抵押等涉及车辆安全性能以及车辆价值的信息。若二手车经营者对消费者欺瞒上述信息，误导消费者作出错误的意思表示，需承担退一赔三的惩罚性赔偿责任。

案例四

餐饮店销售“M12 和牛”不符合食品安全标准应承担十倍惩罚性赔偿

——吴某与某烤肉店餐饮服务合同纠纷

【基本案情】

2023 年 7 月，吴某在直播平台上看到某烤肉店新推出“M12 和牛”套餐，遂前往就餐，但发现服务员端上来的牛肉颜色发黑、品相较差，要求烤肉店提供进货单据、检验检疫证书等未果。吴某认为某烤肉店虚假宣传，销售的牛肉不符合食品安全标准，诉至法院主张赔偿。法院经审理认为，某烤肉店在明知销售的牛肉等级并非 M12 的情况下，故意虚假宣传、隐瞒真实信息致使吴某基于错误认识进行消费，构成欺诈；因某烤肉店无法提供案涉牛肉进货单据、检验检疫证明，未尽查验义务，出售的食品系来源不明、未经检验合格的产品，存在严重安全隐患，最终判决某烤肉店支付吴某十倍价款赔偿。

【法官说法】

随着人们对于美好生活的要求逐步提高，消费者对于食品安全问题的维权意识也不断提升，对食品安全提出了更高的要求。面对食品安全领域的十倍惩罚性赔偿制度，仍有商家心存侥幸、铤而走险，不惜通过欺诈的手段达到盈利目的。销售者应以诚信为本，充分保障消费者的知情权等相关合法权益，确保销售的食品符合安全标准；消费者在合法权益受到侵害时，要第一时间保留证据，及时向消费者协会、市场监督管理部门求助，必要时可向法院提起诉讼，维护自身“舌尖上”的权益。

案例五

以居住为目的购买房屋并已支付全部价款的商品房消费者在执行中应当优先保护

——王某与某房产公司、某建设公司执行异议之诉案

【基本案情】

2011 年，王某与某房产公司签订了商品房买卖合同，约定由王某购买该公司开发建设的某小区的某套住宅，并办理了备案手续。之后不久，王某通过刷卡、现金以及工抵等方式支付了 190 余万元购房款，某房产公司开具了收到全部购房款的收据及发票。王某于 2016 年办理了收房手续并居住至今，其名下无其他住房。由于未及时办理过户手续，该套房屋仍登记在某房产公司名下。某建设公司在与某房产公司建设工程施工合同纠纷案中，于 2018 年申请保全查封了包括该套住宅在内的若干房产。王某作为案外人主张其在查封之前已购买该套房屋，并支付

了全部价款，且已实际居住至今，请求解除对该套房屋的查封。法院经审理认为，王某系以居住为目的购买房屋并已支付全部价款的商品房消费者，其就该套住宅享有排除本案强制执行的民事权益，最终支持了案外人王某的诉请。

【法官说法】

对登记在被执行的房地产开发企业名下的新建商品房实施强制执行是实现债权人合法权益的重要方式。而在房价高企的背景下，购买一套属于自己的房子往往需要花掉一个家庭多年积攒甚至几代人积攒的钱。在此情况下，如何平衡保护购房人与债权人的合法权益、能否强制执行该商品房一直是法律热点问题。商品房买卖合同是否合法有效、合同签订与查封时间先后顺序、所购商品房是否系用于满足家庭基本居住生活需要、是否支付全部价款等，是考量能否认定购房人系商品房消费者以及排除法院强制执行的必要条件。在满足前述所有条件时，对案外人可以认定系商品房消费者，其享有的物权期待权的保护顺位优先于建设工程价款优先受偿权、抵押权以及其他金钱债权，足以排除基于这些权利的强制执行。本案王某与某房产公司于查封之前已签订商品房买卖合同，并办理了备案登记，且王某名下无其他用于居住的房屋，还支付了全部价款，符合商品房消费者请求排除强制执行的条件，故法院最终支持了王某排除本案强制执行的诉请。但在此也要提醒广大商品房消费者，在具备过户登记的条件时一定要及时办理手续，这是保住自己心仪房子的最经济最便捷的方式。

浦东法院破产审判典型案例（2023 年）

（2024 年 2 月 28 日上海市浦东新区人民法院发布）

目　　录

案例八　上海 M 饮料公司诉上海 X 汽修厂占有物返还纠纷案
——管理人可以通过清偿债务或者提供债权人接受的担保方式取回留置物

案例一

Y 金属（上海）公司破产清算案

——涉危险品破产财产处置应坚持生态安全优先

【案情】

Y 金属（上海）公司成立于 2006 年，注册资本为 550 万美元，主要从事外高桥保税区内精密电子产品的金属外壳及模具生产和开发等业务。因经营管理不善，长期处于亏损状态，该公司至 2022 年 6 月已无力继续生产经营，后于 2022 年 8 月 5 日向浦东法院申请破产清算。浦东法院经审查认为，该公司已具备不能清偿到期债务且资产不足以清偿全部债务的破产原因，于 2022 年 11 月 7 日裁定受理该公司的破产清算申请。

【审理】

案件受理后，管理人在对 Y 金属（上海）公司清产核资中发现，该公司厂区内留存有一条铝氧化生产线，生产线的存储槽内遗有大量的浓硫酸、浓硝酸等危险废物共计 105.08 吨。这些危险废物有剧毒、强腐蚀、易挥发，如不能妥善处理，不但影响破产企业财产的安全性及变价处置的可行性，更易产生人员伤亡及对周边环境造成污染的严重后果。浦东法院了解到该情况后，立即要求管理人开展安全维护工作，并指导管理人探索创新财产处置模式，将财产处置工作与危险废物合法化处置有效结合，形成处置方案：一是确定由竞买人负责落实危险废物处置工作，在提交竞买登记材料时需提交危险废物处置预案并缴纳危险废物处置保证金；二是由管理人对竞买人提交的预案、处置单位的资质进行详细审查，审查通过后报法院备案并给予竞买人网络拍卖竞买资格；三是待最终确认的买受人竞买成功且依承诺合法处置完毕所有危险废物后，再由管理人退还其先期缴纳的危险废物处置保证金。此后，拟处置财产通过网络拍卖顺利成交。为监督该批危险废物的处置工作，法院继续指导管理人协同买受人依照预案开展危险废物处置工作，合议庭成员与管理人共同前往该公司厂区，现场与买受人、危险废物处置单位以及厂房所有方等详细沟通，要求各方担负好环境保护重任，防范安全责任事故。最终经过多方共同努力，厂区内留存的全部危险废物由具备专门资质的处置单位一次性无害化处置完毕，并出具处置结果告知函。

【意义】

本案是浦东法院在办理破产案件中贯彻习近平生态文明思想、坚持生态安全优先的有益实践。根据案件的实际情况，在破产财产处置中坚持生态安全优先和绿色发展理念，牢牢守住安全底线，积极探索科学、高效、可行的财产处置模式，由法院进行全流程监督，并进行处置方案、买受人资质以及危险废物无害化处置结果的审查，实现了确保生态安全、债权人权益保护以及破产财产处置价值最大化的有机统一。

案例二

上海Y科技公司破产清算案

——采取灵活财产变价方式，提升办理破产质效

【案情】

上海Y科技公司成立于2015年，注册资本为1000万元，主要从事基因科技、生物科技、医药科技领域的技术开发。2021年起，受市场环境变化、股东纠纷、经营不善等影响，后续融资未能成功导致资金链断裂，公司陷入经营困境。2022年10月20日，债权人何某以不能清偿到期债务并且明显缺乏清偿能力为由申请Y科技公司破产清算。浦东法院经审查，认为Y科技公司符合破产原因，于2022年11月2日裁定受理对该公司的破产清算申请。

【审理】

案件受理后，管理人接管到的债务人货币资金仅4万余元，审核确认的债权高达4679万元。除货币资金外，债务人名下主要财产包括2笔大额应收款，3家对外投资股权，若干实验室设备，5个商标、15项专有专利、29项共有专利、8项尚在申请中的专利及4项著作权等资产。上述财产处置存在如下困难：一是设备混杂，存管分散，如由管理人归集后处置可能发生大额的运输费用及仓储费用，处置周期较长且变价价格存在不确定性。二是应收款主要为对子公司的出借款，但子公司也陷入经营困境，应收款得到回收的可能性较低。三是3家子公司账面记载的净资产均为负值，如通过常规清算方式进行清理，周期较长且收回投资的可能性较低。四是专利等无形资产涉及共有情况，且相关专利

之间存在一定的关联性，专利的受众范围较窄，拆分零散处置不利于债务人财产价值最大化。

考虑到债务人财产的现状和特性，浦东法院指导管理人采取破产财产快速变价机制。在充分听取债权人意见并及时披露交易信息的基础上，管理人与资产买受人经过多轮沟通协商，最终确定了以整体变卖的方式处置债务人财产的变价方案，并获得全体债权人表决同意。在法院监督指导下，管理人在四个月内完成了全部资产的交易及过户交割，共计回收3720万余元并及时向全体债权人进行分配，职工债权及社保税收债权的清偿率达100%，普通债权清偿率达70.88%。2023年10月27日，浦东法院裁定终结破产清算程序。

【意义】

本案在破产清算程序中依法采取灵活的破产财产变价方式提高债权清偿率，加快了破产分配进程，降低了办理破产成本，提升了质效。审理中，浦东法院指导管理人对特殊类型企业的核心资产进行梳理，在财产变价环节中积极贯彻企业资产整体转让的原则，适用《上海市浦东新区完善市场化法治化企业破产制度若干规定》第十二条关于破产财产快速变价的创新机制，在充分保障债权人利益及知情权的基础上，对破产财产变价方式进行了有益探索：一方面，通过对破产财产进行整体打包处置，避免了零散出售导致的价值贬损，实现破产财产价值最大化，极大提高债权人清偿率；另一方面，在获得债权人会议表决通过后，突破传统的拍卖方式进行变价，大幅提高资产处置效率，实现办理破产案件提质增效。

案例三

上海Z贸易公司破产清算转和解案

——适用破产和解制度提高债权清偿率

【案情】

上海Z贸易公司成立于2014年，是一家以预包装食品批发为主营业务的小微企业，注册资本为200万元。2018年，债权人某保鲜公司因买卖合同纠纷将Z贸易公司诉至浦东法院，诉讼中双方达成调解协议。后因Z贸易公司未按期履行全部付款义务，某保鲜公司向浦东法院申请强制执行。因Z贸易公司无财产可供执行，浦东法院于2019年11月18日裁定终结本次执行程序。某保鲜公司遂以Z贸易公司无法清偿到期债务且明显缺乏清偿能力为由，向浦东法院申请其破产清算。浦东法院经审查认为，Z贸易公司符合破产原因，于2022年8月16日裁定受理对该公司的破产清算申请。

【审理】

案件受理后，浦东法院经全面梳理调查发现，Z贸易公司债务规模不大、结构相对简单，但现存资产价值较低，预判尚不足以清偿破产费用，但该公司股东兼法定代表人表达了继续经营公司的强烈意愿。浦东法院认为本案具备和解可能性，遂指导管理人与该公司股东及债权人积极沟通，阐述破产和解制度的优势，鼓励相关人员筹集资金、展开自救，促使Z贸易公司与债权人达成和解的初步合意。此后，Z贸易公司及时提交破产清算转和解申请书，并提出和解协议草案。2022年11月29日，浦东法院裁定Z贸易公司和解，并指导管理人积极推进破产和解程序。Z 贸易公司名下 20 余项注册商标经网络拍卖快速变价，债权人会议表决通过和解协议。根据和解协议，全体债权人均可在 2023 年 1 月 30 日前获得清偿，其中职工债权及社保、税收债权清偿率为 100%，普通债权清偿率为 11%。2023 年 1 月 9 日，浦东法院裁定认可 Z 贸易公司的和解协议并终止和解程序。和解协议现已履行完毕，Z 贸易公司在执行程序中的限制措施均已解除。

【意义】

本案在挽救危困企业和保障债权人利益方面进行了探索。一是精准识别破产和解可能性。本案债务人属于轻资产企业，破产清算状态下的模拟清偿率为零，预计资产不足以支付破产费用，但债务人具备债务结构简单、规模可控的特点，股东留存经营主体意愿强烈，因此债权人、债务人双方具备议价谈判促成破产和解的可能性。二是资产快速处置与股东融资自救并进。一方面，敦促债务人股东积极筹措资金推动和解进程；另一方面，将现存多项商标组合成资产包，通过网络拍卖快速处置，使得可供清偿资产进一步增多。通过清算转和解，债务人企业得以成功挽救，不仅职工债权及社保税收债权得以全部受偿，本无望任何清偿的普通债权也得到一定程度的保障，实现各方多赢的效果。

案例四

上海 W 净化设备公司破产清算案

——坚持能动履职促进小微企业健康发展

【案情】

上海 W 净化设备公司成立于 2016 年 8 月 29 日，注册资本为 100 万元，是一家主要从事净化设备、环保设备维修、销售的小微企业。债权人汪某某系该公司前员工，因双方存在劳动合同纠纷，汪某某诉至法院，并在诉讼中与W净化设备公司达成调解。后因W净化设备公司未依约履行，汪某某向法院申请强制执行。执行过程中，因暂不具备继续执行的条件，法院裁定终结本次执行程序。2023年2月，汪某某向浦东法院提出对W净化设备公司的破产清算申请。浦东法院经审查认为，W净化设备公司符合破产原因，裁定受理对该公司的破产清算申请。

【审理】

案件受理后，针对本案债权债务关系简单且债务人法定代表人希望保留企业继续经营的情况，合议庭释明引导债务人、债权人通过和解方式解决债务。经过各方努力，历时两个月，债务人法定代表人与全体债权人自行达成和解协议，并将清偿款项支付至管理人账户，各债权人的债权获得100%清偿，债务人也得以存续经营。之后，浦东法院依法裁定解除保全措施，协调屏蔽失信、限高措施，并支持企业依法享受税收优惠政策。案件审结之后，浦东法院延伸审判职能，做了三项工作：一是指导管理人向企业提出建议，引导企业规范治理，降低经营风险；二是联合劳动保障监察部门就企业在劳动者权益维护方面存在的问题进行约谈提醒，助力企业诚信经营；三是走进企业听取法治需求，就企业关心的信用修复、税收优惠等问题，积极展开协调支持，帮助企业焕发新生。

【意义】

审理小微企业破产案件，应当贯彻能动履职理念，本案通过“救”“治”并重，彰显更佳效果，在两方面取得一定成效：一是注重破产保护，强化自行和解制度的适用。基于小微企业债权人数量少、债务规模小的特点，指导管理人加强沟通，引导各方在短期内通过自行和解方式化解债务纠纷，并积极回应企业在信用修复、税务优惠政策享受等方面的需求，使企业得以继续存活，体现了对债权人、债务人利益的共同保护。二是注重破产预防，以能动履职护航小微企业可持续发展。指导管理人就案件办理过程中发现的企业治理、财务制度、职工权益保护等方面的风险点，向企业进行提醒和预警，帮助企业规范经营、健康发展。

案例五

上海 M 桃业合作社、上海 M 农产品专业合作社破产清算申请案

——避免特殊行业组织破产清算，力促和解共赢

【案情】

2023 年 7 月，债权人某小额贷款公司同时向浦东法院申请上海 M 桃业合作社、上海 M 农产品专业合作社破产清算。该两起案件的被申请人系以水蜜桃、翠冠梨等水果、蔬菜种植为主营业务的农民专业合作社，由姚某担任法定代表人。2020 年起，合作社的水果、蔬菜种植陷入困境，特别是 2022 年后，合作社无法开展蔬菜种植及果树日常养护、授粉、嫁接、施肥等培育工作，严重影响果蔬产量与质量，进而导致资金链断裂，陷入偿债危机。因 M 桃业合作社未能足额履行生效法律文书确定的 350 万元贷款清偿义务，M 农产品专业合作社也未承担连带清偿责任，债权人某小额贷款公司遂以该两家合作社无法清偿到期债务且明显缺乏清偿能力为由向法院申请破产清算。

【审理】

浦东法院收到破产申请后，积极联系被申请人。经查，该两家合作

社名下均无固定资产，仅有向村集体承租的300亩土地上种植的果树。破产申请时恰逢水蜜桃、翠冠梨等水果即将成熟上市，市值约30万元。该两家合作社法定代表人表达了强烈的继续经营的愿望，称其经过多年运营，已有相当规模且较为固定的客户群体，有信心、有能力弥补前期遭受的损失，但需要债权人给予偿债宽限期。浦东法院考虑到合作社陷入经营困难的背景，结合果树变现困难、水果销售具有时令性、客户资源由法定代表人个人掌握等情况，认为应当审慎受理对于种植型农民专业合作社的破产清算申请。在破产申请审查期间，浦东法院督促合作社法定代表人积极维系客户扩大销量，鼓励合作社继续运营以偿还债务。同时与申请人反复沟通，对两家合作社进入破产清算程序后申请人能否及时受偿进行利弊分析，找寻到双方的平衡点。2023年9月26日，M桃业合作社、M农产品专业合作社与申请人在浦东法院达成和解协议，申请人收到首期款27万元后当即撤回两起破产清算申请。

【意义】

相较于其他市场主体，种植型农民专业合作社的存续与发展更加依托于无形资产，比如市场声誉、知名度、客户关系、专业化的种植队伍等，但这些对生产经营至关重要的资源都难以变现，并且会随着清算完毕而直接归零。此外，合作社已有的果树需要定期养护与培育，进入破产程序后，不仅很难找到购买方，更有可能因为长期无人看管导致果树发生虫害甚至死亡。因此，对于有经营意愿的种植型农民专业合作社，应当注重分析其经营发展的痛点与难点，审慎认定破产原因，积极采取挽救措施。本案中，通过鼓励债务人开展自救并提供支持与协调，引导债权人权衡利弊，最终促成当事人达成和解，为农民专业合作社带去“破局重生”的希望。

案例六

上海 S 实业公司破产重整案

——以重整价值最大化为原则，助力养老产业健康发展

【案情】

上海 S 实业公司成立于 20 世纪末，注册资本 1 亿元，主营业务为养老护理项目开发与建设，已完成某养老产业园区前期基础建设，并获得部分行政审批，但因资金链断裂、高额关联担保等问题陷入债务危机。2022 年 2 月 7 日，债权人某科技公司以 S 实业公司无法清偿到期债务且明显丧失清偿能力，拥有优质资产、具备重整可能为由，向浦东法院申请破产重整，并依据《上海市浦东新区完善市场化法治化企业破产制度若干规定》第十七条的规定，提名某律师事务所为本案管理人人选。浦东法院依法审查债权人主体资格、S 实业公司资债结构和重整可能性等要素后，于 2022 年 2 月 8 日裁定受理对 S 实业公司的破产重整申请。

【审理】

为选任破产管理人，浦东法院采用任职人选、任职条件书面审和听证审相结合的审查模式，在充分听取各方意见，确认相关各方具有共识的基础上，于 2022 年 2 月 17 日指定被提名人选担任管理人。管理人接受指定后逐步推进资债调查、已知债权申报通知与审查、潜在投资人排摸、投资人招募等工作。2023 年 4 月，管理人正式提交重整计划草案。根据重整计划，债务人拟依托原有的养老产业基础设施，与专业养老运营公司、人寿保险公司、医院、研究所开展“保险+医养”合作经营，

打造医养结合养老社区。5 月 6 日，本案通过远程网络视频会议方式召开债权人会议讨论表决重整计划草案。除权益未受调整的职工债权组、社保债权组和税收债权组依据企业破产法及司法解释规定，不参加重整计划草案的表决外，重整计划草案获得出资人组和普通债权组人数、金额均为 100%的比例表决通过。5 月 30 日，浦东法院裁定批准 S 实业公司的重整计划并终止重整程序。重整投资款已支付到位并按计划向债权人分配清偿完毕，出资人权益调整方案已执行并完成工商变更登记。

【意义】

本案系《上海市浦东新区完善市场化法治化企业破产制度若干规定》实施后成功审结的首例破产重整案件。一是 S 实业公司虽陷入经营困境，但其名下产业园区的前期基础建设基本完成，也曾获得行政审批，具备继续推进养老社区建设的可能性。本案审理过程中秉持重整价值最大化原则，招募具有从事养老护理、健康管理等相关背景的投资机构作为重整投资人，由其继续注资盘活原有资产，努力建设集医疗、保健、颐养为一体的医养社区。二是在重整计划提交后，指导管理人审慎认定权益未受调整或影响的债权范围，合理设置表决分组，采用线上延时表决方式，在重整计划的表决程序中兼顾公正和效率，充分彰显重整制度对市场主体的保护救治作用。

案例七

田某诉上海G餐饮公司破产债权确认纠纷案

——职工债权在执行中仅得到部分清偿时采用“并还原则”以确定相应破产债权

【案情】

根据2020年7月的生效民事判决书，上海G餐饮公司需向田某支付工资12391元及未签劳动合同双倍工资差额60000元。后田某申请执行，仅执行到10792元。2023年4月，浦东法院裁定受理债权人对G餐饮公司的破产清算申请。在破产程序中，田某向管理人申报债权，认为其应有债权扣减已执行到的款项后的余款61599元均应被认定为职工债权，但管理人仅确认田某享有职工债权1599元（计算方式：12391元-10792元）。后田某向浦东法院提起诉讼，请求确认其对G餐饮公司享有职工债权61599元。G餐饮公司辩称，根据《最高人民法院关于执行程序中计算迟延履行期间的债务利息适用法律若干问题的解释》的规定，“被执行人的财产不足以清偿全部债务的，应当先清偿生效法律文书确定的金钱债务，再清偿加倍部分债务利息，但当事人对清偿顺序另有约定的除外”，故就已执行到的10792元应按照“先本后息”的清偿原则，从工资12391元中予以扣除，田某享有的职工债权金额应为1599元。

【审理】

浦东法院经审理认为，本案争议焦点为在执行款不足以清偿全部债务时，已执行到的10792元的清偿顺序，进而如何确定职工债权金额。

工资 12391 元及未签劳动合同双倍工资差额 60000 元均系独立的金钱债务，并无本息之分，应根据“并还原则”按比例清偿需支付的工资及未签劳动合同双倍工资差额。经核算，执行到的 10792 元分别在工资 12391 元中予以折抵 1847.60 元，在未签劳动合同双倍工资 60000 元中予以折抵 8944.40 元。另外，G 餐饮公司经执行程序对田某进行的清偿，并不构成偏颇性清偿，不损害其他债权人利益。据此，判决确认田某对 G 餐饮公司享有职工债权 10543.40 元（计算方式：12391 元-1847.60 元）；确认田某对 G 餐饮公司享有普通债权 51055.60 元（计算方式：60000 元-8944.40 元）。一审判决后，双方均未上诉。

【意义】

本案涉及执行款的清偿顺序与破产债权的确认及清偿顺序两项法律制度。债权人在执行过程中仅执行到部分款项，不足以偿付全部债务且当事人对债务清偿顺序没有约定时，对执行款的清偿顺序的认定将影响后续破产债权的不同顺位。关于执行款的清偿顺序，《最高人民法院关于执行程序中计算迟延履行期间的债务利息适用法律若干问题的解释》有相关规定，迟延履行期间的债务利息系一个整体概念，包括迟延履行期间的一般债务利息和加倍部分债务利息两部分，一般债务利息是指在生效法律文书中根据实体法规定所确定的利息，即根据生效法律文书中确定的基数、起止时间及利率等进行计算，而加倍部分债务利息是一项执行措施，需根据上述解释规定的方法计算。该解释第四条所规定的“先本后息”仅指加倍部分债务利息与其他金钱债务的清偿顺序。若金钱债务中包含主债务、一般债务利息及实现债务的费用等，则可参照民法典第五百六十一条规定的“先息后本”确定清偿顺序。若金钱债务中仅包含主债务，例如本案所涉基本工资、未签劳动合同双倍工资差额，当执行款不足以偿付全部债务时，则应采用“并还原则”按比例进行清偿，以确定原告尚享有的基本工资债权及未签劳动合同双倍工资差额债权之金额，后通过企业破产法上的债权审查制度确认原告的债权性质。

案例八

上海 M 饮料公司诉上海 X 汽修厂占有物返还纠纷案

——管理人可以通过清偿债务或者提供债权人接受的担保方式取回留置物

【案情】

2022 年 4 月 13 日，浦东法院裁定受理上海 M 饮料公司破产清算申请。M 饮料公司管理人在履职过程中发现，该公司名下登记有一辆沪牌大众桑塔纳小型轿车，因 M 饮料公司欠付车辆修理费，车辆一直被上海 X 汽修厂留置。X 汽修厂申报债权 32147 元，经 M 饮料公司管理人审核全额确认为担保债权，且备注“留置车辆大众轿车，在车辆价值范围内享有优先权”。法院予以裁定确认，但未载明担保债权的类别及优先受偿的范围。后管理人与 X 汽修厂就留置权优先受偿范围以及取回留置车辆正当性产生争议并先后诉至法院。管理人代表 M 饮料公司起诉请求判令 X 汽修厂返还案涉车辆或折价赔偿。X 汽修厂则诉请确认其对 M 饮料公司的 32147 元债权享有的优先受偿权范围及于案涉车辆裸车和车牌额度拍卖、变卖款。审理中，M 饮料公司管理人向法院代管款账户缴纳 32147 元作为对 X 汽修厂债权的替代担保，X 汽修厂则撤回了其提起的债权确认之诉。

【审理】

浦东法院经审理认为，X 汽修厂的担保债权已经过 M 饮料公司债权人会议核查，法院亦将该笔债权作为无争议债权予以裁定确认。在无相关生效裁判对该笔债权的优先受偿范围作出不同于管理人审核结果的实体认定的情况下，应当视为债权人对管理人编制的债权表无异议。根据企业破产法的规定，管理人可以通过清偿债务或者提供替代担保来取回质物或留置物，在质物或留置物的价值低于被担保的债权额时，应该以质物或留置物当时的市场价值为限。M 饮料公司管理人将与 X 汽修厂债权等额的 32147 元款项缴至法院代管款账户，系对 X 汽修厂债权所提供的替代担保，该种全额现金担保形式足以保障 X 汽修厂的债权实现。此时，若 X 汽修厂继续占有、留置涉案车辆，不仅可能影响破产程序顺利进行，不利于双方纠纷的解决，而且可能导致涉案车辆价值损失或造成其他利益损失。管理人请求取回案涉车辆后拟依据债权人会议表决通过的财产变价方案，通过公开网络拍卖的方式进行处置，合理有据。据此，判决 X 汽修厂于判决生效之日起十日内返还 M 饮料公司案涉大众桑塔纳轿车。一审判决后，X 汽修厂提起上诉。二审法院判决驳回上诉，维持原判。

【意义】

取回留置物在破产清算程序中具有必要性、急迫性，企业破产法规定管理人取回留置物的基本方式为清偿债务或提供担保。允许管理人在向债权人提供适当担保的前提下取回留置物，既有利于债务人财产的扩大，也有利于债权人担保权益的实现。本案中，管理人通过向法院代管款账户缴纳保证金的方式为债权人提供替代担保，并据此要求债权人返还留置车辆，具有法律依据。取回留置物本身并非单纯使债务人财产得到相应增加，清偿债务或提供担保两种方式均会构成债务人财产的减少，因此对于留置物的取回管理人应当在充分考量必要性后酌定取回而非必须取回。本案中的留置物为一辆沪牌大众桑塔纳小型轿车，车辆本身残值较小，不足以覆盖 X 汽修厂的担保债权金额，但车辆上附属的沪牌额度虽不属于留置物却具有较高经济价值。在未接管到债务人其他财产，破产费用无法支付的情况下，尽快取回留置物进行处置变价，有助于释放车牌额度的经济价值，对破产程序的推进具有现实意义。本案的审理结果一方面保障管理人能够顺利接管、处置债务人财产，另一方面确保债权人的权益不受侵害，最大程度发挥了破产衍生诉讼对破产清算程序的作用，取得较好效果。

法答网精选答问

法答网精选答问（第四批）（节录）

问题3：实际借款人涉嫌贷款诈骗罪，名义借款人与出借人签订的借款合同之效力如何认定？还款责任如何承担？

答疑意见：一是关于借款人的确定问题。实际借款人委托名义借款人借款的，应当依据民法典第九百二十五条、第九百二十六条有关间接代理的规定来确定借款合同的当事人，即视出借人在订立借款合同时是否知情作不同处理：出借人在签订借款合同时知道或者应当知道名义借款人与实际借款人之间的代理关系的，借款合同直接约束实际借款人与出借人，因此应当认定实际借款人是借款合同当事人，除非出借人有确切证据证明借款合同只约束名义借款人。出借人对代理关系不知情的，应当认定名义借款人是借款人；名义借款人披露实际借款人的，出借人有权选择名义借款人或者实际借款人作为相对人。

二是关于借款合同效力问题。实际借款人被认定贷款诈骗犯罪，意味着刑事判决已经认定实际借款人为借款合同当事人。依据前述规则，如果民事诉讼也认定实际借款人为借款合同当事人，就涉及构成贷款诈骗罪是否影响合同效力问题。在认定合同效力时，要依据民法典有关民事法律行为效力的规则来认定，而不能简单地认为只要构成犯罪，就应一律认定合同无效。在贷款诈骗犯罪场合，依据民法典第一百四十八条有关欺诈的规定，应当认定该合同为可撤销合同。应当注意的是，在合同效力归属（当事人认定）上，刑事判决认定实际借款人构成贷款诈骗犯罪，并不当然意味着民事诉讼也必须认定借款合同就发生在出借人和实际借款人之间。换言之，在行为的法律效果归属问题上，也要依据民法典第九百二十五条、第九百二十六条等规定来确定借款合同的当事人。如果民事判决认定名义借款人是借款合同当事人的，此时实际借款人构成贷款诈骗罪并不影响借款合同的效力。

三是关于名义借款人的责任及其与刑事责任的协调问题。如果认定合同关系发生在实际借款人和出借人之间，因名义借款人不是合同当事人，其无须承担借款合同项下的责任。如果民事判决认定合同关系发生在名义借款人与出借人之间，则名义借款人根据民事判决承担借款合同项下的还本付息责任，实际借款人根据刑事判决承担退赃退赔责任，二者构成不真正连带责任，不存在比例责任或补充责任的问题。此时，人民法院要在执行环节做好协调工作，避免债权人重复受偿。

咨询人：徐楚/浙江省高级人民法院民事审判第五庭

答疑专家：麻锦亮/最高人民法院民二庭

问题 4：债权人代位权的行使是否受到仲裁协议的限制？

答疑意见：对此可从两个层面来考虑。

（1）债务人与相对人之间的债权债务关系订有仲裁协议的，不影响债权人对相对人提起代位权诉讼。

首先，这是由民法典的制度设计所决定的。根据民法典第五百三十五条第一款的规定，代位权只能通过向人民法院起诉的方式行使。如果代位权诉讼受仲裁协议约束，则债务人为损害债权人利益，可能恶意采取与相对人事先订立仲裁协议的方式排除债权人行使代位权，从而导致代位权制度被实质架空。

其次，这也是由代位权的权利性质所决定的。代位权源自法律的直接规定，属于法定权利，而非约定的权利，也不能通过约定的方式排除该权利的行使。代位权既非代理权，也不同于债权转让，不存在仲裁协议也由债权人继受的法理基础。

最后，这还是由意思自治原则所决定的。在代位权诉讼中，债权人并非债务人与相对人签订的合同的一方当事人，也非该合同项下的权利义务受让人。故债务人与相对人之间约定的仲裁条款对债权人并无约束力，仲裁协议不能对抗债权人代位权诉讼的法定管辖，否则等于强迫债权人接受自己未订立的协议。

代位权诉讼不受债务人与相对人之间仲裁协议的约束，是最高人民法院一直坚持的司法立场。根据原《最高人民法院关于适用〈中华人民共和国合同法〉若干问题的解释（一）》第十三条的规定，债务人怠于行使权利是指不以诉讼或者仲裁方式主张权利，据此可以直接得出代位权行使不受仲裁协议约束的结论。《最高人民法院关于适用〈中华人民共和国民法典〉合同编通则若干问题的解释》（以下简称《合同编通则解释》）第三十六条也再次重申了这一立场，即债权人提起代位权诉讼后，债务人或者相对人以双方之间的债权债务关系订有仲裁协议为由对法院主管提出异议的，人民法院不予支持。需要注意的是，《合同编通则解释》第三十六条也特别强调了对仲裁协议的尊重和维护，即如果债务人或者相对人在首次开庭前就债务人与相对人之间的债权债务关系申请仲裁的，人民法院可以依法中止代位权诉讼。

综上所述，债务人与相对人之间订有仲裁协议的，不影响债权人对相对人提起代位权诉讼，但是可能会引起诉讼中止。

（2）债权人与债务人之间的债权债务关系订有仲裁协议的，也不影响债权人提起代位权诉讼。

这是因为该仲裁协议只在当事人对债权人是否享有债权及其数额大小有争议时才有意义。但是债权是否存在是代位权行使的实体条件，而非程序条件。《合同编通则解释》第四十条第二款规定，债务人的相对人仅以债权人提起代位权诉讼时债权人与债务人之间的债权债务关系未经生效法律文书确认为由，主张债权人提起的诉讼不符合代位权行使条件的，人民法院不予支持。这里的生效法律文书当然也包括仲裁裁决书。据此，即使债权人与债务人之间的债权债务关系未经仲裁，也不影响人民法院就代位权诉讼作出实体裁判，自然也不能影响人民法院对相应纠纷行使管辖权。根据《合同编通则解释》第三十七条第一款的规定，在代位权诉讼中，债务人作为第三人参加诉讼。因此，如果债务人对债权人享有的债权及其数额没有争议，则旨在解决债务人与债权人之间纠纷的仲裁协议不会发生作用。当然，如果债务人对债权人是否享有债权及其数额大小有争议，则该争议只能通过仲裁程序解决。如果该争议直接影响受理代位权诉讼的人民法院对代位权是否成立的判断，则属于民事诉讼法第一百五十三条第一款第五项规定的“本案必须以另一案的审理结果为依据，而另一案尚未审结”的情形，代位权诉讼应当依法中止，等待仲裁程序就债权人与债务人之间的债权债务关系作出裁决。可见，此时也只是影响代位权诉讼的进行，仍然不影响债权人提起代位权诉讼。

综合以上两个层面考虑，倾向于认为：债权人与债务人、债务人与相对人之间的两段债权债务关系各订有仲裁协议，也不影响债权人提起代位权诉讼。与《合同编通则解释》一同发布的典型案例五“某控股株式会社与某利公司等债权人代位权纠纷案”即属此类情形。

咨询人：卢燊绅/江苏省高级人民法院研究室

答疑专家：蒋家棣/最高人民法院研究室

新类型疑难案例选评

鲍某某与黄某某、上海某实业有限公司股权转让纠纷案

晏乃曦* 徐 帆** 袁永胜***

【裁判要旨】

对赌协议中股权回购条件成就时，权利人应在合理期限、范围内行使股权回购权，确保商事交易的稳定性，避免权利义务处于不确定状态，以最大限度地保障投资方和目标公司的合同期待。

【案件索引】

一审：（2021）赣0925民初419号。

二审：（2022）赣09民终2690号。

【基本案情】

原告鲍某某诉称：2015年7月9日，原告与被告黄某某签订了一份

* 作者单位：江西省宜春市中级人民法院。

** 作者单位：江西省靖安县人民法院。

*** 作者单位：江西省铜鼓县人民法院。

《股权转让协议》（以下简称《2015 年协议》），约定被告将 100 万元股权以 6 倍价格转让给原告。如两年内上海某新能源有限公司（以下简称新能源公司）股权无溢价，未达到原告投资本金 600 万元，被告无条件回购股权，以保障原告投资款得以收回。协议签订后，原告分三次将 600 万元股权转让款汇给了被告黄某某。但新能源公司两年内股权不仅没有溢价，还不断向外举债，原告不仅收不回投资款，还要不断按股权比例继续出资。原告请求法院依法判令被告黄某某无条件回购新能源公司 100 万元股权，并返还 600 万元股权转让款，被告上海某实业有限公司（以下简称实业公司）承担连带责任。

被告黄某某辩称：其签订《2015 年协议》的行为系履行职务行为，相应法律后果应由被告实业公司承担。2017 年 3 月 6 日，《2015 年协议》约定的两年期限即将届满时，原告与被告实业公司签订《股权转让协议》（以下简称《2017 年协议》）并办理股权变更工商登记。此时，新能源公司股票高达 8 元/股，原告股权权益已超 600 万元，故原告办理股权变更登记的行为证明原告已放弃《2015 年协议》中的股权回购权，原告的诉请无事实和法律依据。

被告实业公司辩称：两份股权转让协议均履行完毕，原告已经取得新能源公司股权并登记成为股东，原告的诉请没有事实和法律依据。

法院经审理查明：

原告鲍某某与被告黄某某原系朋友关系，被告黄某某系实业公司的法定代表人。2015 年 7 月 9 日，被告黄某某与原告鲍某某签订《2015 年协议》，载明："……一、甲方将持有上海某新能源有限公司的 1500 万元股金转让 100 万元人民币股金给乙方（以 6 倍价格转让给乙方，即乙方出资 600 万元人民币购得甲方 100 万元人民币股权。）二、如两年内公司无溢价，未达到乙方投资本金 600 万元，甲方无条件回购，以保障乙方投资款得以收回。"《2015 年协议》签订后，原告分三次将 650 万元汇给被告黄某某，其中 50 万元系借款。

2015年8月中旬，原告通过案外人郑某生以350万元的价格受让了被告实业公司100万元股本金。黄某某收到了该转让款，双方未签订书面协议。2017年3月6日，原告与被告实业公司就前述200万股权签订《2017年协议》，主要条款如下："上海某新能源有限公司（以下简称标的公司）注册资本7000万元人民币，甲方（实业公司）出资1500万元人民币，占21.43%。甲方将所持标的公司2.86%股权作价200万元人民币转让给乙方（鲍某某）……"同日，新能源公司股东会决定，同意被告实业公司的股权转让，原告鲍某某在新能源公司章程上签字，公司股东名录记载原告鲍某某系该公司股东，出资额200万元。同年4月18日，新能源公司向上海市某区市场监督管理局办理公司出资情况变更、主要成员、章程备案登记。

2017年11月3日，新能源公司召开全体股东会议，会议决议："1. 认定原注册资本7000万元人民币为7000万股，每一元人民币为一股；2. 同意新增1000万股，即原7000万股变成8000万股；3. 新增1000万股作价8000万元人民币，即新增的每一股作价8元人民币；4. 股东根据持股比例，同比例认购，如股东放弃认购，其他股东享有优先认购权，其他股东优先认购股数按放弃认购权股东以外的持股比例认购……"2018年6月13日北京某国际会计师事务所有限责任公司作出的验资报告显示，鲍某某在2017年11月3日向新能源公司转入228.568万元，其中认缴新增注册资本28.571万元，出资溢价199.997万元转入资本公积，其共持有新能源公司股份的2.8571%①。2017年10月15日至2017年10月26日，黄某某以高于6倍注册资本的价格受让何某某、上海某投资有限公司持有新能源公司的股权。2019年12月26日，经原、被告双方共同选定江西某房地产土地资产评估咨询有限公司，对新能源公司股东全部权益价值及在2017年7月31日的市场价值

① 与前述"2.86%"系同一数字，2.86%是2.8571%的四舍五入。

进行价值分析评估，出具的《上海某新能源有限公司股东全部权益价值咨询项目价值分析报告》载明：2017年7月31日的市场价值的估算值为8606.78万元，较账面价值增加564.33万元，增值率为7.02%。

【审判】

关于鲍某某是否享有股权回购权的问题，江西省靖安县人民法院经审理认为：

首先，根据《2015年协议》约定，如新能源公司股权两年内无溢价，未达到鲍某某投资本金600万元，黄某某无条件回购，以保障鲍某某投资款得以收回。合同法第四十五条第一款规定："当事人对合同的效力可以约定附条件，附生效条件的合同，自条件成就时生效，附解除条件的合同，自条件成就时失效。"第四十六条规定："当事人对合同的效力可以约定附期限，附生效期限的合同，自期限届至时生效。附终止期限的合同，自期限届满时失效。"据此，依据约定若新能源公司两年内股本价值没有达到6倍的涨幅，则黄某某无条件回购的条件成就。从股权价值是否溢价6倍来看，根据公司年度财务报表、股东全部权益价值资产评估报告以及其他股东未行使优先购买权的事实行为来看，可以认定新能源公司于2017年7月9日的股本价值没有达到原股本价值的6倍，原告要求被告黄某某、实业公司依约回购股权的条件成就。

其次，从原告请求回购的事实经过来看，《2015年协议》签订时，原告认为新能源公司是科技股公司，发展前景很好，公司一定会上市，但如公司上市股值未超过溢价的6倍，为保障其投资权益，其与黄某某约定回购，该约定的事实基础为"协议签订两年内股值未超溢价的6倍"。依据前述认定，2017年7月9日即《2015年协议》签订两年时回购的条件成就，原告本可要求回购，但其在参加增资决议的股东大会时，在所有参会股东均表示公司亏损、明知公司经营困难的前提下仍认缴新增注册资本，放弃回购，继续期待“公司上市，股权溢价”。其后要求行使回购权，依据的事实基础已变更为“增资后股值未超溢价的6倍”，这与《2015年协议》约定的回购事实不是同一事实基础。现原告单方认为其仍享有股权回购权，但原、被告并未在增资后就对赌期情势变更、期限延长进行协商并达成一致意见，新能源公司增资后，其注册资本增加，公司的经营、发展均出现实质性变化，若双方仍受《2015年协议》约定的对赌条款约束，既与双方订立协议时真实意思表示不一致，亦不符合公司的客观发展情况，故现原告鲍某某要求行使回购权已突破《2015年协议》约定，缺乏权利行使的事实基础。

再次，从股东的权利义务来看，2017年11月3日，新能源公司召开股东大会，决定新能源公司增资，并以原股本1：8的比例扩资，若股东无意扩资，其他股东有优先收购权。但是鲍某某认为新能源公司发展前景好，公司还有上市的可能，故既没有要求黄某某回购股权，也没有放弃增资扩股的权利，而是继续行使股东的权利。若鲍某某在2017年7月9日即两年期满时及时行使股权回购权，2017年11月3日涉案增资扩股的决定权应当由实业公司决定。鲍某某行使本应该由实业公司行使的权利，作出2017年11月3日扩资的行为，排除了实业公司行使涉案股权的权利，鲍某某以自己的事实行为作出放弃要求实业公司和黄某某回购股权的承诺。

最后，从目的解释的角度来看，股权回购条件满足后投资方若不尽快作出是否回购的意思表示，将对目标公司的经营产生严重不确定性，若给予投资方无任何期限的回购权，亦会造成双方合同权利义务的严重失衡。结合被告黄某某在2017年10月分别受让了何某某、上海某投资有限公司共计5.3081%的股份，该份额超出约定回购的原告份额的相关事实，推定黄某某当时存在回购能力，而原告在增资后一年多才起诉要求回购股权，在《2015年协议》既没有约定股权回购权行使时限，被告实业公司或被告黄某某也没有发出催告的情形下，根据民法总则第一百三十二条规定的禁止权利滥用原则衍生的权利失效规则，无期限行使股权回购权不利于维护股权交易市场和公司经营的稳定，有违公平、诚信的民事活动原则。关于原告鲍某某述称认购增资时不清楚新能源公司经营情况，不知道股本是否达到6倍涨幅的意见，原告作为公司股东，参加了股东会议，应当清楚新能源公司的经营状况，并每年收到财务报表，且其在诉状及庭审中多次诉称增资是公司资金缺乏，集资用于运营公司，就可以推断原告溢价认缴出资时了解公司经营困难的现状，故对该意见不予采信。综上所述，原告的诉讼请求缺乏事实和法律依据，应予以驳回。

江西省靖安县人民法院于 2022 年 5 月 16 日作出（2021）赣 0925 民初 419 号民事判决：驳回原告鲍某某的诉讼请求。宣判后，原告鲍某某向江西省宜春市中级人民法院提出上诉，江西省宜春市中级人民法院于 2022 年 12 月 30 日作出（2022）赣 09 民终 2690 号民事判决：驳回上诉，维持原判。该判决已发生法律效力。

[评析]

对赌协议下股权回购权的行使规则

对赌协议涉及合同法和公司法的交叉领域，对赌条款具有个性化、多样性等特征，较为复杂。目前，我国法律规定未就对赌协议的履行问题作出明确规定，以至于对赌协议的履行问题一直是理论、实务界的热点、难题。本案属典型的股权回购型对赌协议案件，争议焦点在于原、被告约定的股权回购条件成就后，原告是否可以无限制条件请求被告回购股权。

一、对赌条件成就时股权回购权行使的实践争议

目前，实践中关于未明确约定期限情况下股权回购权行使的规则有

三种观点。

第一，无固定期限说。该观点认为投资方可以在回购条件成就后随时向回购义务主体主张行使股权回购权，诉讼时效自投资方第一次向其主张行使股权回购权宽限期届满之日起计算。[①]

第二，固定期限说。该观点认为投资方行使股权回购权的期限应适用诉讼时效的规定，自投资方知道或者应当知道回购条件成就之日起计算。

第三，区别对待说。该观点认为投资方在回购条件成就后，应结合对赌协议相关约定的不同适用不同的民事规则合理行使权利。[②] 本案即采第三种观点。笔者认为，股权回购权应合理行使，股权回购型对赌协议是组织逻辑与契约逻辑的结合体，应当同时遵守组织秩序与契约秩序。故在审理此类案件时，应秉持商事的审判思维，尊重当事人意思自治行为，根据对赌协议约定法律事实对应的法律规则行使权利，同时需要合理行使权利，以确保商事交易的稳定性，避免权利义务处于不确定状态，以最大限度地保障投资方和目标公司的合同期待。

二、对赌协议下行使股权回购权的法理分析

本案中，鲍某某与黄某某通过签订并获得实业公司事后追认的《2015 年协议》，对鲍某某购买新能源公司股权后各方的权利义务作了明确的约定，包括溢价 6 倍的承诺以及未达到 6 倍业绩承诺的估值调整方式，俗称对赌协议。[③] 对赌协议在我国资本市场颇为普遍，常见于私募股权投资和风险投资、上市公司重大资产重组等领域，也被称为估值

① 参见湖南省长沙市中级人民法院（2018）湘 01 民终 2413 号民事判决书。

② 参见安徽省高级人民法院（2019）皖民终 540 号民事判决书。

③ 实践中俗称的对赌协议，是指投资方与融资方在达成股权性融资协议时，为解决交易双方对目标公司未来发展的不确定性、信息不对称性以及代理成本而设计的包含了股权回购、金钱补偿等对未来目标公司的估值进行调整的协议。

调整协议。根据 2019 年 11 月《全国法院民商事审判工作会议纪要》（以下简称《九民会纪要》）[①] 的规定，对赌协议下行使股权回购权应视具体情形适用相关的民事法律规定。由于当事人设计的股权回购条款各不相同，导致法院对投资方请求回购股权的裁判观点也各不相同。笔者认为，对赌协议下行使股权回购权应结合对赌协议有关条款的约定，综合考量权利的性质以及相关权利行使原则。

（一）有约定回购权行使条件的权利行使规则

1. 权利性质认定：形成权

如果明确约定了权利行使期限，当回购条件触发时，投资方享有继续经营还是退出公司的选择权，则这种选择权的权利性质是确定的，为形成权。从权利行使效果来看，如投资方主张继续，不行使回购权，则其将继续作为股东参与公司的经营管理。如投资方主张退出，股权回购权成功行使，则必将导致投资方与回购义务人以及公司的关系发生转变：第一，投资方将与回购义务人订立新的合同，即股权转让合同，回购义务人需以约定的价款受让投资方的股权；第二，投资方通过将其股权转让给回购义务人，退出标的公司，不再享有股东地位和股东权利。此种情形下，投资方能够按照自己的意愿、以单方的意思表示产生变动原法律关系的效果，事实上可以根据其单方意思表示使双方订立一个新的股权回购合同，而回购义务人没有选择权。这恰恰是形成权的特征。因此，无论对赌协议的条款内容如何表述，就性质而言，在行权条件成就时当事人这种"继续还是退出"的选择权为形成权。

2. 权利性质认定：请求权

如果明确约定了义务履行期限或者投资方请求回购义务人履行新

---

① 《九民会纪要》规定"人民法院在审理'对赌协议'纠纷案件时，不仅应当适用合同法的相关规定，还应当适用公司法的相关规定"。

合同权利义务的请求权，当回购条件触发时，投资方将与回购义务人缔结股权转让合同，股权转让的价款即投资方和回购义务人在股权回购条款中约定的价款。基于此，义务履行期限届满或投资方选择退出之后，产生了一项新的权利：基于股权转让合同而产生的价款给付请求权。此种情形下，同回购条件触发时的选择权不同，投资方对于法律关系的变更不再存在支配力，只能请求回购义务人履行，性质上属于请求权。

（二）未约定回购权行使条件的权利合理行使规则

所谓合理行使规则，是指权利人在对赌条件成就后，应当在合理期限内且不影响公司正常继续经营以及公司股东正常行使股东权利之基础上及时作出是否进行股权回购的意思表示。如果双方对权利行使与义务履行均未约定，或已经约定但履行过程中发生较大争议，法院在裁判此类案件时应基于利益衡平原则与禁止滥用权利原则，对权利人行使股权回购权予以综合考量。股权回购权赋予权利人单方形成之力，在法律无规定、当事人未约定亦未催告的情形下，并不意味着权利人可以无期限行使权利。为保护相对人并维护合同法律关系的明确与安定，防范机会主义行为，股权回购权的行使应受限制。若权利人无期限地行使股权回购权，会导致合同关系一直处于极不确定的状态，不利于维护股权交易市场和公司经营的稳定，有违公平、诚信的民事活动原则，亦会造成双方合同权利义务的严重失衡。在股权转让合同纠纷中，股权回购权的行使会引起公司股东关系、公司具体经营发生重大变化，是故，权利人应合理行使股权回购请求权。

本案属于未约定股权回购权行使条件的情形。一方面，鲍某某在公司可能亏损、经营困难但具备回购条件时怠于行使权利，却在公司无力回购股权时行使权利，不合乎正常的市场交易秩序，有违公平原则；另一方面，在条件成就后，新能源公司召开股东大会决定增资时，鲍某某不仅没有要求黄某某回购，还继续履行股东权利按原股本 1：8 的比例进行增资，此时应视为其放弃要求黄某某回购股权的权利。故鲍某某未能在回购条件成就时合理、及时行使权利，应视为放弃股权回购权。

三、对赌协议中股权回购权有效行使的裁判路径

对赌协议在本质上是当事人对权利与义务在投资法律关系中的个性化设定。在不违反法律强制性规定的前提下，法律允许且保护当事人在意思自治的范围内将对赌条件及形式、权利行使期限等进行多样化组合。实际上，对赌条件成就与权利行使是两个相互独立的法律事实。对赌条件成就时，除了出现行使股权回购权而履行不能的法律后果，还会出现因股权回购权未及时行使或者滥用导致权利失效的法律后果。因此笔者认为，针对对赌协议下行使股权回购权的规则裁判路径应抽丝剥茧，层层递进。

（一）要件识别：审查协议效力及回购条件是否成就

首先，应对协议效力进行确定。对于投资方与目标公司股东或实际控制人的对赌协议，如无其他无效事由，认定有效并支持实际履行，实践中已无争议。但投资方与目标公司订立的对赌协议是否有效以及能否实际履行，实践中存在争议。对此，法院在审查协议效力时，一方面，应从民法典中规定合同无效情形的角度，对投资方与目标公司签订的对赌协议进行效力审查，若对赌协议中存在有悖社会公共利益、扰乱金融资本市场秩序、违反公序良俗等导致法定无效事由，应当认定为无效合同；另一方面，根据《九民会纪要》的相关指导意见，人民法院应当审查对赌协议是否符合公司法关于股东不得抽逃出资及股份回购的强制性规定，如违反相关规定，应当认定为无效合同，如目标公司未完成减

资程序的，应驳回请求回购股权的诉讼请求。[①]

其次，应判断对赌协议的条件是否成就。股权回购型对赌协议是当目标公司实际经营业绩或估值未能达到投资方理想目标时，投资方可以通过对赌协议设置的股权回购条件，实现退出公司的目的的协议。关于目标公司的经营业绩或估值，可以结合专业机构的评估报告以及目标公司自身的经营情况，如业绩报告、股权转让价款的支付情况、交易股权的过户情况等综合判断。

（二）规则适用：审查行使股权回购权的具体约定

如经过审查，双方对赌协议有效，且回购条件业已成就，投资方可根据行使股权回购权的具体约定要求回购义务主体进行回购。

1. 针对约定权利行使期限的情形应适用除斥期间的规定

如前文所述，投资方的选择权为形成权，投资方有权选择是否要求义务主体回购股权，若投资方未在约定的行权期限内行使权利，则权利归于消灭。此情形下，法院在裁判中遇到的争议焦点常为投资方是否应当在双方约定的权利行使期限内行使权利，或是该权利行使期限届满后，投资方要求义务人回购股权的权利是否消灭。例如，在（2020）渝民终1811号案中，合同已经约定当条件达成时投资人有权在90个工作日内行使赎回权和回售权，重庆高院认为投资人选择行使回购权的，应当举证证明在前述期限内已通知实际控制人回购股权。

2. 针对约定义务期限的情形应适用诉讼时效的规定

如前文所述，投资方基于股权转让合同而产生的价款给付请求权，法院一般适用诉讼时效的规定，自约定的履行期限届满之日起计算诉讼时效。“一般而言‘履行期限’的届满日是起算、确定诉讼时

① 参见王东敏：《风险投资的司法保护与“对赌协议”的效力认定》，载最高人民法院民事审判第二庭编：《最高人民法院商事裁判观点》（总第1辑），法律出版社2015年版，第143页。

效的不可或缺的时间基点”“当合同约定的履行期限届满时，如当事人仍不履行其承诺的义务，则认定权利人‘知道或者应当知道’其权利受到侵害，与该‘时间点’相衔接而起算的诉讼时效期间，在实务操作中具有客观性、确定性、唯一性和实用性的特点。因此，对于因该类合同发生争议而提起民事诉讼的案件，人民法院应以合同约定的履行期限届满日，作为诉讼时效期间的起算日，这在理论上及实务操作上均无异议。”①

3. 针对无约定的情形应合理行使权利

在对股权回购权履行约定不明情况下，当回购条件触发时，投资方享有主动权，有权选择继续经营还是退出公司，此时权利性质为形成权，但是投资方应合理行使权利。法院在审查投资方行权行为时，需要结合合同目的、回购条款的内容与性质、合同履行情况、市场变化情况与股价波动情况等因素综合判定。如投资方以通知形式作出继续经营的意思表示，则回购权消灭；如投资方以通知形式作出退出公司的意思表示，则意味着投资方选择行使股权回购权，投资方获得基于股权转让合同而产生的价款给付请求权，此时则开始适用诉讼时效的规定。

（三）合理限度：权利失效规则的具体适用

《九民会纪要》体现了利益衡平原则，指出人民法院在审理对赌协议纠纷案件时，“既要坚持鼓励投资方对实体企业特别是科技创新企业投资原则，从而在一定程度上缓解企业融资难问题，又要贯彻资本维持原则和保护债权人合法权益原则”。在对赌协议的履行过程中，股权回购权的行使会引起公司股东关系、公司具体经营发生重大变化，回购请求权应在合理限度内行使。禁止滥用权利原则体现在民法典第一百三十

① 最高人民法院民事审判第二庭编著：《最高人民法院关于民事案件诉讼时效司法解释理解与适用》，人民法院出版社2015版，第116页。

二条。《最高人民法院关于适用〈中华人民共和国民法典〉总则编若干问题的解释》第三条对民法典第一百三十二条的规定作出解释，明确人民法院可以根据权利行使的对象、目的、时间、方式、造成当事人之间利益失衡的程度等因素对是否滥用权利作出认定。构成滥用民事权利的，人民法院应当认定该滥用行为不发生相应的法律效力，此为权利失效规则的法律基础。

权利失效规则具体是指，权利人在相当期间内不行使其权利，依特别情势足以使义务人正当信任权利人不欲其履行义务，基于诚信原则权利人不得再为主张。权利失效规则的构成要件有三个：第一，权利人不行使权利。即权利人在能行使权利的情况下不行使权利，应排除客观不能行使的情况。第二，义务人确信权利人不欲再行使权利。"确信"具有一定的推断性，是根据现有的条件使义务人达成内心的确认，而非权利人主动向义务人表达放弃行使权利的意思表示。主动表达放弃系弃权行为。第三，若继续允许权利人行使权利，会造成当事人之间的利益失衡。权利失效规则为投资方以明示或默示的行为放弃行使回购权提供了理论支撑。

法院在适用权利失效规则时，要注重对义务人"确信"的审查，因此需综合考量使义务人达成内心确认的现有条件。首先，审查有无明确表示放弃行使股权回购请求权。其次，审查有无默认放弃行使股权回购请求权：第一，当回购条件成就时，权利人是否以股东身份继续参加股东会参与决策公司经营事宜；第二，当回购条件成就时，权利人有无继续追加投入资本等。同时，为了确保客观公正，法院还需审查行使股权回购请求权的基础事实有无变更等。

本案即权利失效原则在对赌协议中具体运用的案例。法院从利益平衡、维护交易安全的角度，依据权利失效规则认定权利人不得再主张回购权：第一，权利人在协议签订满两年回购的条件成就时未及时行使权利；第二，权利人本可要求回购，但其在参加增资决议的股东大会时，不仅未请求回购，反而进行相反行为，认缴新增注册资本，继续期待“公司上市，股权溢价”，使义务人认为其放弃回购权；第三，权利人增资后要求行使回购权，依据的事实基础已变更为“增资后股值未超溢价的6倍”，与原约定的回购事实不是同一事实基础。因此，本案从利益平衡、维护交易安全的角度，结合双方交易习惯认定权利人的不行使或怠于行使权利，足以使义务人正当信任权利人不欲其履行义务时，权利人不得再主张行使权利。

温州快某集团公司诉温州某氏食品有限公司、乐清市柳市李某广食品贸易商行不正当竞争案

池　敏　林江舟*

【裁判要旨】

传统企业商品因经营时间、推广力度、产品荣誉、平均销售量等因素，为相关公众所熟知，具有较高知名度和一定影响力。其包装、装潢上的各要素按照独特文字、色彩、大小进行排版、设计、组合，已成为广大消费者选择的重要因素，故应认定其具有区别商品来源的显著特征，属于反不正当竞争法第六条第一项规定的特有包装、装潢。

* 作者单位：浙江省瑞安市人民法院。

【基本案情】

原告：温州快某集团公司。

被告：温州某氏食品有限公司、乐清市柳市李某广食品贸易商行。

原告温州快某集团公司（以下简称快某公司）成立于1991年6月22日，前身为温州味精总厂，系浙南地区名牌企业，创始于1958年，经营范围为味精、鸡精调味料、速冻食品等，系浙江省调味品行业龙头企业，亦是浙江省“老字号”企业。快某公司生产制造的快某牌味精曾在1997年被确认为国内贸易部商业信息中心市场推荐产品，并在1999年至2017年间持续被认定为浙江名牌产品。快某公司拥有第833197号注册商标，核定使用在第30类味精、速冻食品商品上，曾被认定为浙江省著名商标。

被告温州某氏食品有限公司（以下简称某氏食品公司）系一家有限责任公司，成立于2009年10月30日，注册资本100万元人民币，经营范围为食品生产，食品经营，干香辛料加工、销售，食品添加剂销售等。被告乐清市柳市李某广食品贸易商行（以下简称李某广贸易商行）系个体工商户，经营者为李某广，注册日期2017年7月14日，经营范围为食品销售。

2019年12月4日，快某公司委托代理人薛某芳向温州市中信公证处申请证据保全公证。在公证员的监督下，薛某芳使用公证处电脑打开淘宝网站，通过搜索“双鹿味精”点击进入“温州味精双鹿牌本地产特产227g＊10包正品包邮家用小袋加盐粉末状”商品链接，商品链接宝贝详情中展示双鹿牌味精的包装详情，显示价格48元，交易成功5件，累计评论5条，查看经营许可证信息，其营业执照显示的名称为“乐清市柳市李某广食品贸易商行”。后薛某芳选择购买涉案商品1件，付款48元。2019年12月17日，温州市中信公证处分别出具（2019）浙温证内字第9904号和（2019）浙温证内字第9907号公证书。2020

年 6 月 12 日，原告快某公司的工作人员通过视频拍摄的方式向某科技（北京）有限公司申请电子数据存证证明，视频中显示在温州不同的市场上分别售卖有包装大小和净含量不一、但包装、装潢样式相同的涉案商品。

原告温州快某公司认为，被告某氏食品公司作为温州的食品生产企业，被告李某广贸易商行作为温州的食品销售商，对于原告公司、品牌、商品等的知名度应当知晓。但被告某氏食品公司故意在其生产销售的味精产品上使用与原告“快某”味精的包装、装潢相近似的包装、装潢。被告李某广贸易商行故意在淘宝网上销售被告某氏食品公司制造的上述味精。两被告的上述行为，容易引人误认为被诉侵权商品是原告商品或者与原告存在特定联系，构成不正当竞争，依法应承担相应的法律责任。原告遂诉至法院，要求停止侵权、赔偿损失并消除影响。

【审判】

浙江省瑞安市人民法院经审理认为，结合快某公司经营时间、推广力度、产品荣誉、年均销售量等因素，可认定其味精产品为相关公众所熟知，具有较高知名度，构成具有一定影响的商品。该味精包装、装潢上的各要素按照独特文字、色彩、大小进行排版、设计、组合，使用时间达三十余载，经持续广告宣传，已为广大消费者特别是浙江省的消费者所熟知并成为作出商品选择的重要因素，故应认定具有区别商品来源的显著特征，属于反不正当竞争法上的特有包装、装潢。参照商标相同或近似的判断原则和方法，被诉侵权产品与原告生产的产品属相同的商品，两者包装装潢十分相似，以相关公众的一般注意力来看，无论是单个设计细节还是整体视觉效果，在视觉特征上的相同点大于不同点，足以使相关公众对商品来源产生混淆和误认，应认定为近似包装、装潢。综上所述，依照侵权责任法第二条、第十五条，反不正当竞争法第六条第一项、第十七条第三款，民事诉讼法第六十四条第一款、第一百四十四之规定，判决：（1）被告某氏食品公司立即停止对原告快某公司的不正当竞争行为，即立即停止生产、销售使用涉案侵权包装装潢的味精产品；（2）被告李某广贸易商行立即停止对原告快某公司的不正当竞争行为，即立即停止销售使用涉案侵权包装装潢的味精产品；（3）被告某氏食品公司于本判决生效之日起十日内赔偿原告快某公司经济损失及为制止侵权的合理费用8万元；（4）被告李某广贸易商行于本判决生效之日起十日内赔偿原告快某公司经济损失及制止侵权的合理费用5000元；（5）驳回原告快某公司的其他诉讼请求。

一审判决后，原、被告均未上诉，判决已生效。

［评析］

判断传统品牌标识是否属于“有一定影响的商品名称、包装、装潢等标识”的因素

随着互联网及通信技术的快速发展，信息内容的传播更加迅速，互联网经济已然成为一种不可忽视的新型热门经济形态。传统企业在以往经营过程中积攒的产品口碑、树立的品牌形象、设计的商品包装等无形权益都会在互联网经济快速发展的带动下，冲破地域范围限制而快速地传播，传统品牌的整体价值随之得到进一步的提升。但是，互联网经济也会对传统品牌造成负面影响，特别是对无形知识产权的不合理应用，会对传统品牌的利益产生侵害，网络销售平台已然成为侵犯知识产权案件、不正当竞争案件的高发区。

强化法院对传统企业经营过程中累积形成的标识予以确定，以及认定因该标识所产生的社会价值、经济利益，对进一步提高知识产权司法保护能力，关注品牌建设，激发创新活力，推动构建新发展格局具有重要的促进意义。本案正是典型的不正当竞争纠纷案例，被告攀附本地传

统知名企业的品牌效应，通过"傍名牌""搭便车"方式仿制商品外包装从而以误导消费者、混淆产品的行为获取不正当竞争利益，违反诚信原则。本文通过对本案的深入剖析，梳理涉及传统企业标识的认定标准，从而为维护传统企业合法权益提供帮助。

一、品牌影响力的判断

反不正当竞争法第六条第一项规定，经营者不得擅自使用与他人有一定影响的商品名称、包装、装潢等相同或者近似的标识，引人误认为是他人商品或者与他人存在特定联系。

"有一定影响"是传统品牌及其标识作为保护对象的基础和前提。参照《最高人民法院关于审理不正当竞争民事案件应用法律若干问题的解释》第一条规定对"知名商品"的解释和理解，即在中国境内具有一定的市场知名度，为相关公众所知悉的商品"有一定影响"应当从商品的销售时间、销售区域、销售总额、销售对象以及进行任何宣传的持续时间、程度和地域范围等方面进行考量确定。如本案中，原告快某公司的前身温州味精总厂早在1990年就已经生产其味精产品，通过各类报纸、浙江年鉴、温州电视台台庆纪念册等方式推广宣传，且附图有涉案味精产品的包装、装潢样式，一直沿用至今；自快某公司成立以来，其企业自身品牌及味精产品陆续荣获浙江省著名商标、浙江名牌产品等多项荣誉；近年来，快某公司生产的味精产品年营业收入或发货金额均在8000万元至9000万元上下浮动，销售总量较大。因此，法院结合当地群众的认可度等原因，认定了涉案味精及其包装装潢具有一定影响力。

二、品牌标识显著性的判断

影响力是认定传统品牌的首要前提，那么要对其品牌标识在现实价值上予以司法保护，则应对其标识是否具有独特的显著性特征进行判断。传统标识只有具有显著性，方可在商品市场中脱颖而出，产生区别其他标识来源的作用。根据《最高人民法院关于审理不正当竞争民事案件应用法律若干问题的解释》第二条的规定，具有区别商品来源的显著特征的商品的名称、包装、装潢，应当认定为“特有的名称、包装、装潢”。

至于“特有”如何进行判定，司法实践中则可能与法官的内心确信、感官认知有关。如本案中，原告快某公司主张权利的快某味精产品包装、装潢的主要设计包括：味精的包装塑料袋为透明状，肉眼可直接观察袋内商品特征；包装袋正面从上到下依次设计各类元素，其左上角、右上角为红色的图形及文字设计，中上部为醒目的特殊红色字体“味精”二字，中间左侧为较小的、红黑颜色的“加盐 jiayan”文字及拼音字母，中下部为醒目的黑色“Weijing”拼音字母，下部为“谷氨酸钠≥80.0%”字样，底部标注公司名称。上述各要素在包装、装潢上按照独特的文字、色彩、大小进行排版、设计、组合，这种在长时间的品牌经营中延续使用的独特性包装，在其品牌影响力的沉淀中产生了一定的显著性。因此，传统品牌标识的显著性认定应当有以下标准：首先，应当是标识，包括名称、包装、装潢展现出来的标识样式，词义、读音或者各种元素的排列组合是具有独家意义的，可以与其他类似标识相区分；其次，传统品牌标识的显著性与其品牌影响力具有密不可分的必然联系，二者不可分而观之。

三、构成侵权的法理性判断

认定传统品牌标识的影响力和显著性，最终目的是判定他人标识是否对其标识构成近似，从而使相关公众对商品来源产生误认，对传统品牌的市场份额、品牌价值、现实利益产生侵害。《最高人民法院关于审理不正当竞争民事案件应用法律若干问题的解释》第四条规定，足以使相关公众对商品的来源产生误认，包括误认为与知名商品的经营者具有许可使用、关联企业关系等特定联系的，应当认定为反不正当竞争法规定的“造成和他人的知名商品相混淆，使购买者误认为是该知名商品”。

推导是否构成侵权，应从以下几方面考虑：一是隔离观察，即在对被诉侵权标识与原告标识进行隔离观察状态下，对其图形、字体、颜色、大小、位置等内容进行罗列，逐一区分相似点与不同点；二是逐项比对，即对相同要素之间的内容一一进行比对，对相同内容和不同内容的要素分别进行罗列，并确定要素相类似之间的占比大小；三是换位思考，即站在社会大众的角度分析判断相关公众施以一般注意力能否在直观的状态下将二者进行区分。若不能区分，则构成近似，应认定侵权，反之则相反。通过以上三步最终得出两者是否构成近似名称、包装、装潢，从而认定是否构成侵权。如本案中，将被诉商品包装与原告生产的味精包装进行比对，发现两者正面的各个要素的排列组合方式、间距比例大小、整体构图以及突出使用文字、拼音字母的字体颜色均十分相似，区别仅在于包装上方的图形、文字设计和底部的生产厂家名称，以相关公众的一般注意力来看，两者在视觉特征上的相同点大于不同点，足以使相关公众对商品来源产生混淆和误认，应当认定为近似包装装潢。

综上所述，对传统品牌标识是否属于“有一定影响的商品名称、包装、装潢等标识”的认定应从影响力、显著性以及近似比对三方面进行。本案裁判确认了快某公司的味精产品的包装装潢具有一定影响和显著特性，从而认定并保护了老牌民营企业无形的财产权利。

最新法律文件解读丛书

稿　　约

最新法律文件解读丛书是一套以为最新法律规范提供同步“解读”为主的系列丛书，分为刑事、民事、商事、行政与执行4个分册，按月出版。

本丛书以“解读”为重点，突出全、专、新、快、准等特点，通过对最新出台的法律、法规、司法解释、部门规章以及重要地方性法规进行同步动态解读，弥补了法律、法规、司法解释汇编类出版物没有同步阐释、解读内容的不足，为广大读者学习理解最新法律规范，正确贯彻执行法律文件，及时解决实践中的新情况、新问题，提供一个全方位、多层面的法律信息平台。

欢迎您向以下栏目赐稿：

【最新法律文件解读】主要是对最新颁行的法律文件进行解读，帮助司法和执法人员正确理解法律文件的立法背景、意义、重点内容、在适用中应注意的问题、与相关法律文件的衔接与互动关系等。

【司法实务问题研究】主要刊登对司法理论、实务及司法管理工作中的热点、疑难问题进行研究及评论的文章。

【新类型疑难案例选评】主要是对司法和行政执法实践中具有典型性和代表性的疑难案例，结合具体案情以及审理或处理结果进行简练精辟的点评，解析认识问题的方法、处理问题的法律依据和在个案中的具体适用。

【法学前沿与新视点】以摘要的形式刊登相关法学理论研究的最新动态及具有代表性和典型性的前沿问题，扩展法学研究的深度和广度。

【法律适用问题解答】主要针对司法和行政执法实践中面临的新问题、热点问题、疑难问题进行简要的解答，指出涉及的法律关系，明确法律适用依据。

稿件一经刊用即付稿酬，稿酬从优。

《刑事法律文件解读》　杨晓燕　邮箱：5184621@qq.com

《民事法律文件解读》　杨　洁　邮箱：1216921515@qq.com

《商事法律文件解读》　路建华　邮箱：shangshijiedu@126.com

《行政与执行法律文件解读》　赵杰琼　邮箱：1092123089@qq.com

人民法院出版社

最新法律文件解读丛书编辑部